AF544395

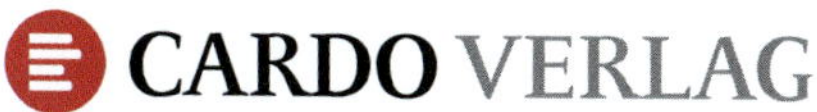
CARDO VERLAG

Maurice Singh

Die perfekte Klangschale kaufen

Der umfassende Kaufratgeber für Anfänger und Erfahrene

Die Benutzung dieses Buches und die Umsetzung der darin enthaltenen Informationen erfolgt ausdrücklich auf eigenes Risiko. Der Verlag und auch der Autor können für etwaige Unfälle und Schäden jeder Art, die sich beim Besuch der in diesem Buch aufgeführten Orten ergeben (z.B. aufgrund fehlender Sicherheitshinweise), aus keinem Rechtsgrund eine Haftung übernehmen. Haftungsansprüche gegen den Verlag und den Autor für Schäden materieller oder ideeller Art, die durch die Nutzung oder Nichtnutzung der Informationen bzw. durch die Nutzung fehlerhafter und/oder unvollständiger Informationen verursacht wurden, sind grundsätzlich ausgeschlossen. Rechts- und Schadenersatzansprüche sind daher ausgeschlossen. Das Werk inklusive aller Inhalte wurde unter größter Sorgfalt erarbeitet. Der Verlag und der Autor übernimmt jedoch keine Gewähr für die Aktualität, Korrektheit, Vollständigkeit und Qualität der bereitgestellten Informationen. Druckfehler und Falschinformationen können nicht vollständig ausgeschlossen werden. Der Verlag und auch der Autor übernehmen keine Haftung für die Aktualität, Richtigkeit und Vollständigkeit der Inhalte des Buches, ebenso nicht für Druckfehler. Es kann keine juristische Verantwortung sowie Haftung in irgendeiner Form für fehlerhafte Angaben und daraus entstandenen Folgen vom Verlag bzw. Autor übernommen werden. Für die Inhalte von den in diesem Buch abgedruckten Internetseiten sind ausschließlich die Betreiber der jeweiligen Internetseiten verantwortlich. Der Verlag und der Autor haben keinen Einfluss auf Gestaltung und Inhalte fremder Internetseiten. Verlag und Autor distanzieren sich daher von allen fremden Inhalten. Zum Zeitpunkt der Verwendung waren keinerlei illegalen Inhalte auf den Webseiten vorhanden.

Bildnachweise:
Seite 15: Screenshot über Spectroid App
Seiten 33, 59, 101, 102, 134: Mustafa Nuri Bal
Seiten 35, 37, 40, 41, 48, 55: Markus Gold
Seite 43: Marion Korsanke
Seiten 68, 70, 72, 74, 77, 79, 81: Peter-Lomas über Pixabay
Seite 106: Screenshot über Soundcorset App
Seite 106: Screenshot über n-Track Tuner App
Seite 138: Carola Müller

1. Auflage 2024

Gestaltung und Satz: b3K design, Hamburg
Andrea Schneider & diceindustries
Lektorat & Korrektorat: Susen Truffel-Reiff

Printed in Germany

ISBN: 978-3-9823255-9-0

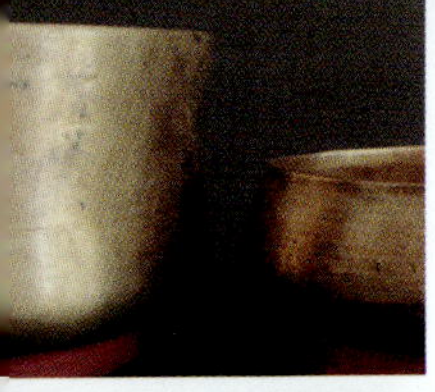
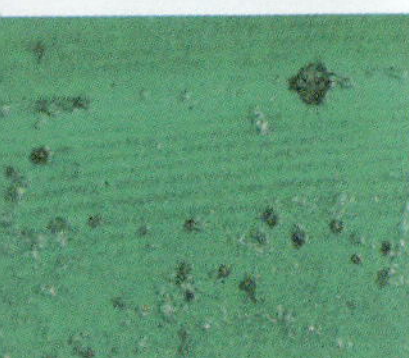
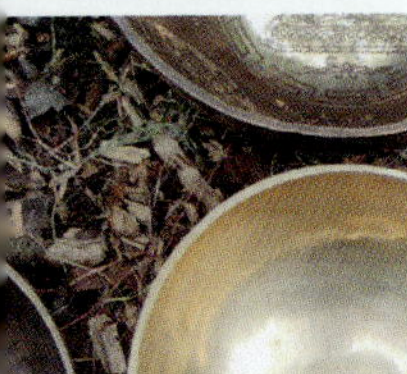
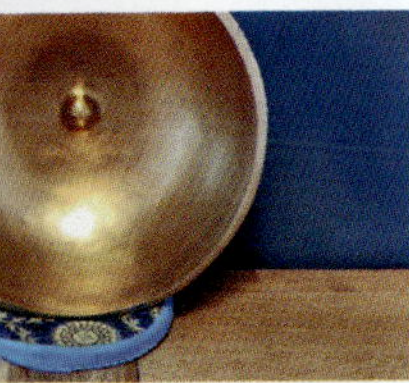
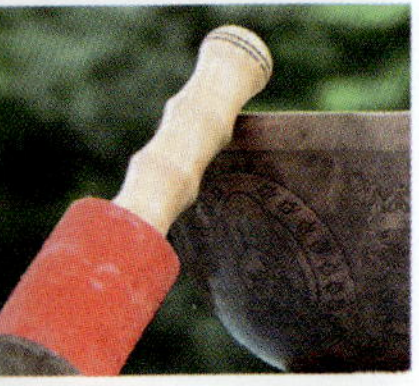
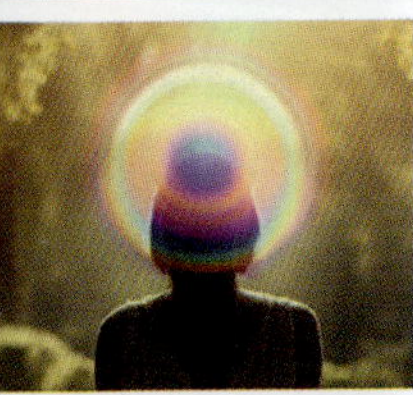
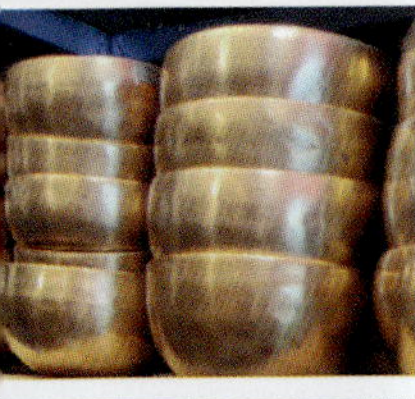
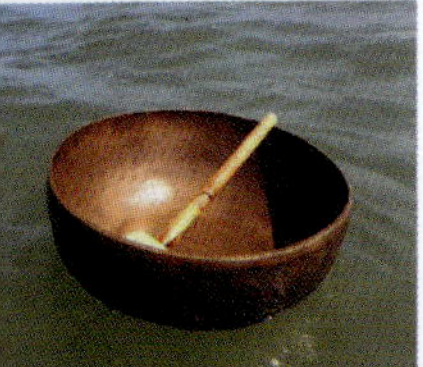

Inhaltsverzeichnis

Vorwort

Klangschalen sind bereits seit Jahrtausenden in unterschiedlichen Kulturen, Religionen und bei verschiedenen Anwendern im Gebrauch. Ihr lang anhaltender mystischer Klang und die begleitenden Vibrationen üben eine faszinierende Wirkung sowohl auf den Anwender als auch auf die Umgebung aus. Ganz gleich, ob sie in einem buddhistischen Tempel erklingen, im Kindergarten, in der Arztpraxis, in der Sauna oder bei dir zu Hause – Klangschalen zaubern Jung und Alt stets ein Lächeln ins Gesicht.

In diesem Buch werden zahlreiche historische, jahrhundertealte Grundlagen, wie die traditionelle Herstellung oder das Chakren-System, mit dem aktuellen Wissensstand und den neuesten Erfahrungen in Einklang gebracht. Eine Klangschale ist eine Herzensangelegenheit und kann daher sehr persönlich sein. Es ist entscheidend, dass Anwender und Schale miteinander im Einklang schwingen und harmonieren. Dabei spielt das Chakren-System eine wichtige Rolle, genauso wie eigene Lebenserfahrungen, Entwicklungen und Wünsche. Jedes der sieben Chakren repräsentiert ein spezifisches Lebensthema, wie Vertrauen, Intuition, Selbstwertgefühl oder die Verbindung zu sich, seinen Mitmenschen oder dem Universum, und hat eine besondere Bedeutung für Körper, Geist und unser Energiesystem.

Seit vielen Jahren beschäftige ich mich intensiv mit Klangschalen und teile dabei ihre zugrunde liegenden Prinzipien. Zu diesem Buch hat mich schließlich ein besonderes Ereignis motiviert: Nach einem Unfall, bei dem ich mir den Rücken verletzte und starke Schmerzen hatte, begann eine tiefgreifende Veränderung in meinem Leben. Die herkömmlichen medizinischen Wege führten mich von meinem Hausarzt bis hin zum Chiropraktiker, der schließlich durch einen gezielten Handgriff mein Rückenleiden ein wenig lindern konnte. Dennoch blieben die Schmerzen hartnäckig bestehen und ließen mich nicht los.

Jenes Erlebnis hinterließ Spuren in meinem Bewusstsein. Es war wie ein Weckruf für mich, sowohl körperlich als auch seelisch achtsamer mit mir umzugehen. Aus diesem Grund entschied ich mich, meinen Beruf als Controller aus gesundheitlichen Gründen aufzugeben. Eine innere Stimme drängte mich dazu, meine Wurzeln zu erkunden, mich mit meiner Herkunft, Kultur und den überlieferten Traditionen auseinanderzusetzen. Dies führte mich nach Indien – ein Land, das mir trotz meiner norddeutschen Herkunft auf wundersame Weise Heimatgefühle vermittelte. Hier spürte ich eine besondere Verbundenheit, die über Sprache und Konventionen hinausging.

Während meines Aufenthalts in Indien stieß ich auf die heilende Kraft der Klangschalen. Bei einer ayurvedischen Massage wurde ich nicht nur von den geschickten Händen des Masseurs berührt, sondern auch von den sanften Klängen, die durch die Schalen erzeugt wurden. Diese Erfahrung war wie ein Befreiungsschlag für meinen Körper und meinen Geist. Die Schmerzen, die mich so lange begleitet hatten, lösten sich auf und kehrten nie wieder zurück.

Inspiriert von dieser Transformation und der heilsamen Wirkung der Klangschalen kehrte ich nach Deutschland zurück. Die Idee, Klangschalen auf dem Hamburger Fischmarkt anzubieten, nahm Form an. Schließlich leiden viele Menschen unter Rückenschmerzen – ein allgegenwärtiges Problem, dem ich mit meinen Erfahrungen begegnen wollte. Jeden Sonntag stand ich auf dem Markt und erzählte interessierten Menschen von meiner persönlichen Reise und den segensreichen Klängen der Klangschalen. Währenddessen habe ich mich bei unterschiedlichen Unternehmen für eine Neuanstellung im Controlling, Buchhaltung oder dem Logistikmanagement beworben und zahlreiche Absagen bekommen.

Diese Zeit war nicht einfach, aber sie war lehrreich und bereichernd. Im Dialog mit meinen Kunden wurde mir bewusst, dass es bei Klangschalen nicht nur um Ästhetik und Preis geht. Die Vielfalt der Schalen, ihre unterschiedlichen Klangeigenschaften und ihre therapeutische

Wirkung waren Fragen, die mich zunehmend beschäftigten. Ich entschied mich, erneut nach Indien zu reisen, um noch tiefer in die Welt der Klangschalen einzutauchen. Während dieser Reise besuchte ich das erste Mal eine Manufaktur. Dort konnte ich hautnah miterleben, wie Klangschalen vor einem glühenden Ofen geformt wurden. Dieser faszinierende Prozess weckte nicht nur meine Neugier, sondern entfachte auch eine innere Begeisterung.

In diesem Moment wurde mir klar, dass mich alles, was ich bisher in meinem Leben erlebt hatte, auf diesen Augenblick vorbereitet hatte. Es war, als ob ein Feuer in mir entzündet wurde – eine Leidenschaft, die mich erfüllte und mich erkennen ließ, dass meine Bestimmung darin besteht, Menschen durch die Magie der Klangschalen miteinander zu verbinden. Dieser Moment markierte einen Wendepunkt in meinem Leben und bestärkte mich darin, meinen Weg mit noch größerer Hingabe und Entschlossenheit zu verfolgen.

Mittlerweile arbeite ich seit vielen Jahren mit mehr als 20 verschiedenen Manufakturen in Indien und Nepal zusammen. Jede dieser Manufakturen ist einzigartig in ihrer Größe, Know-how und Detailverliebtheit. Was sie jedoch alle gemeinsam haben, ist der familiäre Umgang, den wir miteinander pflegen. Diese Hersteller sind weit mehr als nur Geschäftspartner – sie sind Teil meiner Familie geworden.

Das familiäre Gefühl erstreckt sich bis hin zu den Menschen, die oft im Hintergrund arbeiten, wie den Polierern, Verpackern und denjenigen, die die Klangschalen eingepackt in schweren Kisten durch die engen Straßen transportieren. Für sie habe ich eine eigene Spendenkasse eingerichtet. Es erfüllt mich mit Freude, zu sehen, wie selbst mit kleinen Beträgen und Geschenken so viel Glück in die Gesichter dieser Menschen gezaubert werden kann. Diese enge Bindung zu den Manufakturen vor Ort ist ein wichtiger Teil meines Engagements für die Klangschalen-Community.

All diese Gedanken und Erfahrungen sind in das Buch eingeflossen. Es ist mehr als nur ein Ratgeber – es ist eine Herzensangelegenheit.

Ich möchte dich, lieber Leser, auf eine Entdeckungsreise mitnehmen. Du wirst lernen, worauf es beim Kauf von Klangschalen ankommt, welche unterschiedlichen Typen es gibt und wie ihre Klänge auf Körper und Geist wirken können.

Dabei gehen wir unter anderem auf folgende Fragen ein: Woher stammen Klangschalen? Wer hat die ersten angefertigt und aus welchem Grund? Wie werden sie hergestellt? Wie ist die (Metall-)Zusammensetzung und welche (Aus-)Wirkung hat das? Was bedeutet Qualität in diesem Kontext? Warum ist der Klang so besonders und einzigartig? Wie bzw. wo werden sie heute verwendet und wie helfen sie dem Anwender? Was ist bei der Suche nach einer eigenen Klangschale wichtig zu bedenken? Woran erkennt man, ob die Schale eine Antiquität ist? Wieso wirken die Klangschalen auf jeden Menschen anders? Wie werden sie in der Meditation eingesetzt?

Dieses Buch habe ich für dich geschrieben, um dich bei deiner Wahl zu unterstützen und dir das wertvolle Wissen zu vermitteln, das ich auf meiner eigenen »Klangschalen-Reise« gesammelt habe. Damit du nicht nur liest, sondern auch erlebst, werden wir diese Reise, unterstützt durch eine Fülle von Bildern, Videos und Audiomitschnitten, gemeinsam unternehmen.

Einleitung

Jede Klangschale ist, wie ihr Anwender, ein Unikat und sollte somit auch zu dir passen. Aber woraus ergibt sich diese Einzigartigkeit der Klangschalen?

Im Grunde genommen ist es zunächst einmal der Klang, der uns fasziniert. Der Klang kann auch als Frequenz bezeichnet werden. Diese Frequenz liegt in einem bestimmten Tonbereich, welcher wiederum einem Chakra zugeordnet werden kann.

Beispiel Klangprobe:
Frequenz 128 Herz im Ton C – Wurzel Chakra

Das Besondere ist, dass eine Klangschale nicht nur eine Frequenz und somit Ton aufweist, sondern relativ vielschichtig ist – genau wie sein Anwender.

Das Klangbild der meisten Schalen beinhaltet mehrere Frequenzen, wodurch unterschiedliche Chakren gleichzeitig angesprochen werden können. Diese unterschiedlichen Frequenzen kann man als Grundton sowie 1. Oberton, 2. Oberton und so weiter bezeichnen.

In der nachfolgenden Grafik sind die einzelnen Tonausschläge hervorragend zu erkennen. Der erste Ausschlag bei etwa 129 Hz stellt dabei den Grundton dar. Die weiteren Ausschläge sind die Obertöne.

Doch warum hat jede Klangschale einen unterschiedlichen Klang bzw. ein einzigartiges Klangbild?

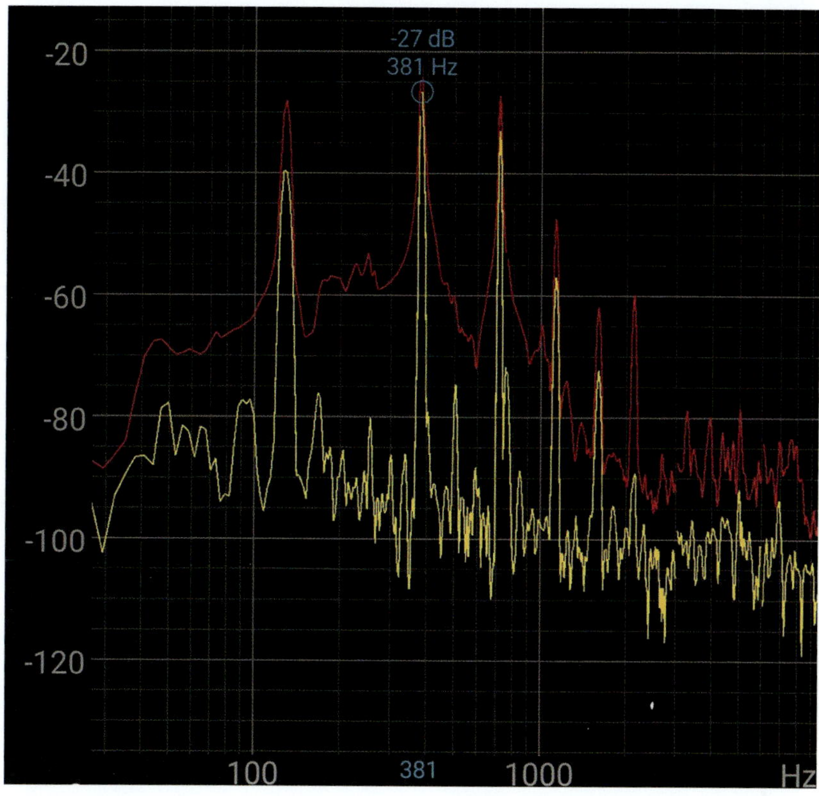

Eine Audiospektrumanalyse zeigt die verschiedenen Frequenzen der Klangschale.

Mit dieser Frage im Hinterkopf tauchen wir nun tiefer in die faszinierende Welt der Klangschalen ein. Dabei werden wir erkunden, welche Faktoren und Geheimnisse hinter den vielfältigen Klängen und individuellen Klangbildern dieser besonderen Instrumente stecken.

Im Folgenden wirst du herausfinden, wie Form, Material, Herstellung und sogar die Umgebung die einzigartigen Klänge der Schalen prägen. Ein tieferes Verständnis für diese Aspekte wird dir helfen, die Magie und die heilende Wirkung dieser Schalen besser zu erfassen.

Die Welt der Klangschalen

Die meisten Klangschalen sehen zwar auf den ersten Blick alle gleich aus, sind jedoch trotzdem alle sehr unterschiedlich. Unter anderem in der Herstellungsart der Klangschale gibt es Unterschiede, was einen wesentlichen Einfluss auf die Klangqualität hat.

Es gibt zum Beispiel die traditionellen handgefertigten, getriebenen Klangschalen, welche zahlreiche Spuren der Handarbeit aufweisen, unter anderem kleinere und größere Dellen im Außen- und selten auch im Innenbereich der Klangschalen. Diese Spuren dienen als Qualitätsmerkmal.
Der Klang einer handgefertigten Klangschale ist sehr facettenreich und reicht von hellen bis hin zu tiefen entspannten Tönen.

In der Regel kann man davon ausgehen, dass umso geringer der Durchmesser und die Wandhöhe einer Klangschale ist, desto höher bzw. heller ihr Klang ist.

Die Handarbeit bei Klangschalen ist ein Qualitätsmerkmal, das zunächst einmal nicht leicht erkennbar ist. Es ist nicht die Größe, Gewicht, Verzierung oder der Preis, der einem dies verrät. Es sind kleine

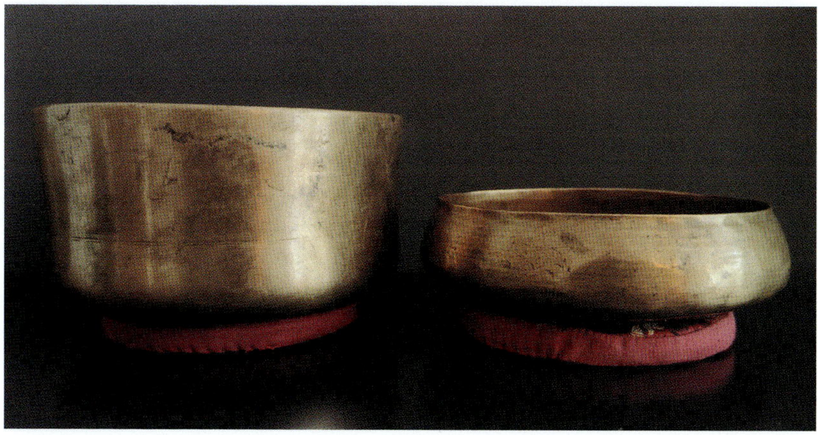

Unterschiedliche Bauarten von Klangschalen haben einen wesentlichen Einfluss auf ihren Klang.

Merkmale, an denen man das erkennen kann. Zunächst muss man aber auch die unterschiedlichen Herstellungsarten kennen:

- gegossene Klangschalen aus Metall oder auch Glas (die sogenannten Kristallklangschalen)
- gepresste Klangschalen (zumeist aus Aluminium)
- handgefertigte Klangschalen (diverse Legierungen)

Gegossene Klangschalen haben rundum gleichstarke Wände. Die Wand ist somit »perfekt«. Es sind durch das Gießen kleinere Löcher, sogenannte Lunker, an der Wand oder am oberen Rand erkenntlich sowie Unfeinheiten durchs Gießen. Solche werden nach dem Gießen

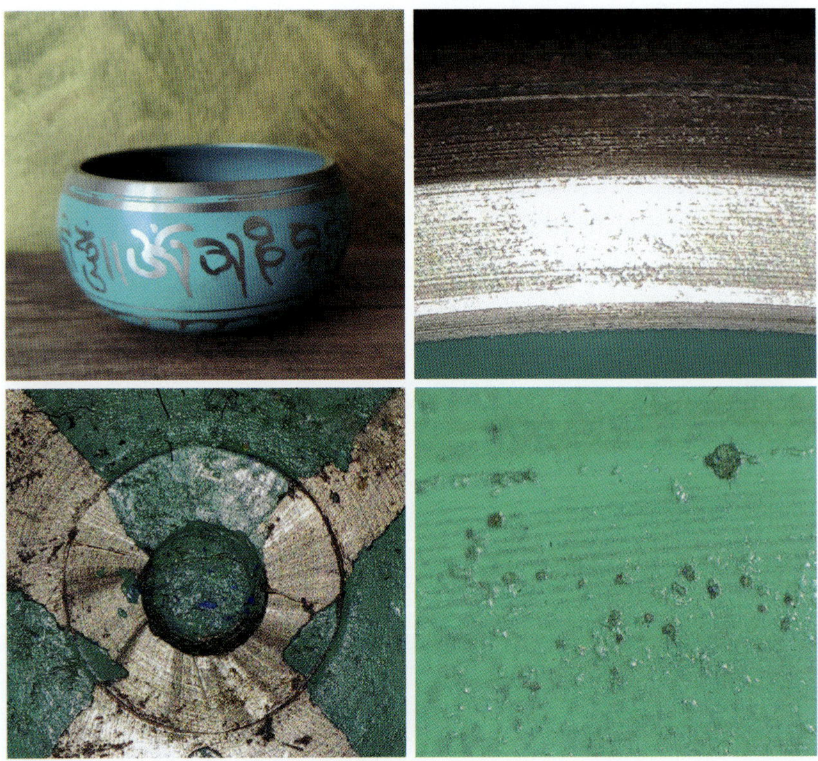

Merkmale einer maschinell hergestellten Klangschale

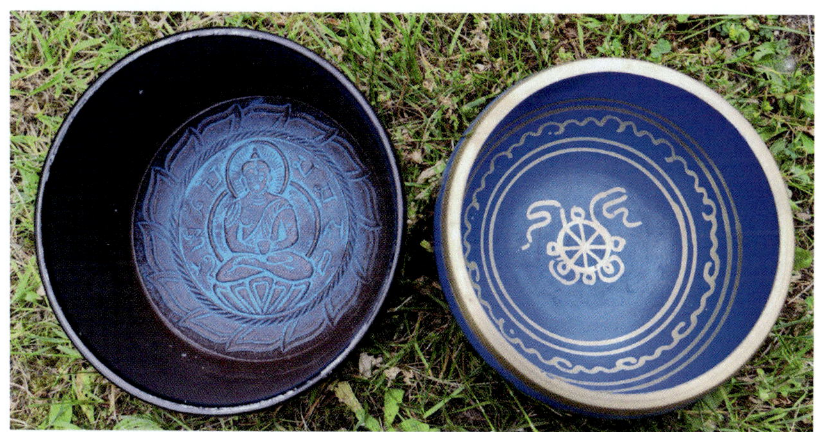

Maschinell gepresste Klangschale (links) neben gegossener und gedrehter Klangschale (rechts)

maschinell abgedreht. Bei dieser Art von Schalen erkennt man innen und außen am Boden zumeist einen Drehpunkt und Riefen. Dies wird gemacht um den Klang zu »harmonisieren«, also nur eine Klangfarbe aus der Schale zu holen.

Ihr Klang ist sehr rein und monoton sowie eher im oberen Frequenz- und Klangbereich anzufinden. Darüber hinaus gibt es mittlerweile auch gedrückte/gepresste Klangschalen. Hierzu wird ein Metallblech, zumeist Aluminium, in die Form einer Klangschale gepresst. Ihr Klang ist ebenfalls sehr rein und monoton und kann je nach Größe der Schale von hellen bis zu tiefen Tönen variieren. Selbiges Prozedere wird teilweise auch bei handgefertigten Klangschalen angewendet. Auch hier wird die Schale maschinell so abgedreht, dass die Wandung gleich stark ist und sie somit gestimmt wird.

Aus meiner Erfahrung und der meiner Kunden kann ich nur sagen, dass man der Klangschale durch diese »Behandlung« die Seele nimmt. Sie sieht relativ langweilig aus und klingt auch so, wie jede andere abgedrehte Schale in derselben Größe. Sie weist somit kein individuelles Tonspektrum mehr auf.

Vor dem maschinellen Abdrehen war es ein Einzelstück, bei dem der Manufakturist nicht hundertprozentig wissen kann, wie genau der Klang am Ende wird, er jedoch eine gewisse Erfahrung besitzt, dies zu beeinflussen.

Folgende drei Faktoren geben ihm die Möglichkeit dazu:

- die Zusammensetzung der Legierung
- die Rand- und Bodenstärke
- die Form, z. B. hochgezogen mit kleinem Boden oder eher flacher mit größerem Boden

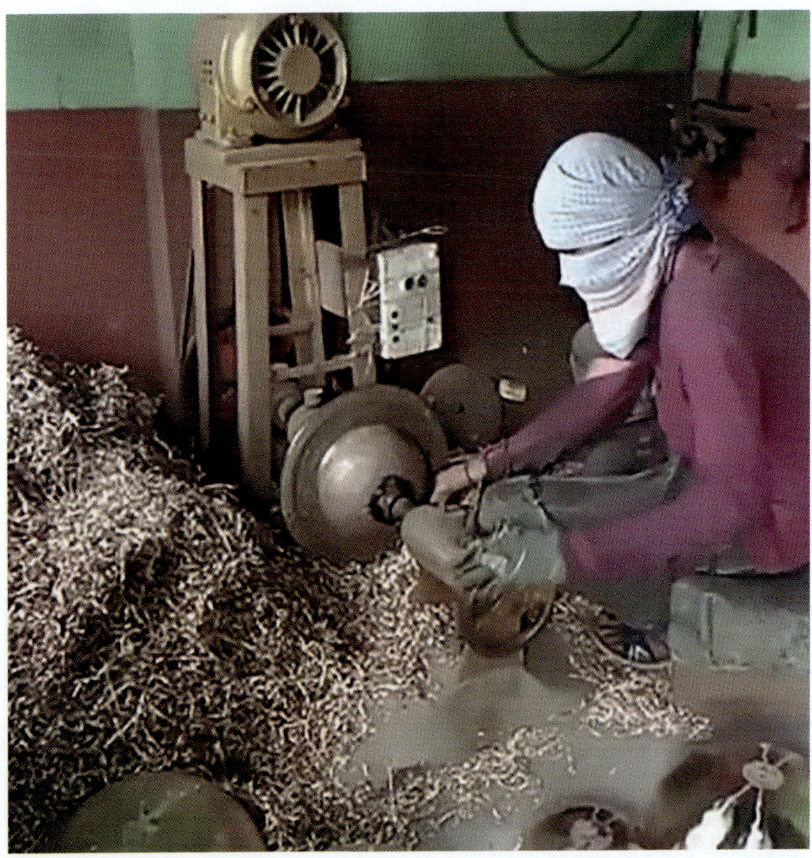

Maschinell abgedrehte Klangschalen verlieren ihre »Seele«.

Video: Abdrehen und Polieren einer Klangschale

So wie jeder von uns ein Individuum ist, so sind es auch die Klangschalen. Es gibt so viele unterschiedliche Bauarten, Größen und Materialzusammensetzungen, sodass einem die Unterscheidung schwerfallen kann.

Für alle Klangvarianten ist die Materialwahl und Zusammensetzung der Legierung entscheidend. Die tibetischen Klangschalen basierten ursprünglich auf einer Legierung von sieben Metallen: Kupfer, Zinn, Eisen, Quecksilber, Blei, Silber und Gold. Diese sieben Metalle wurden bereits im Altertum den damals bekannten Planeten bzw. Himmelskörpern zugeordnet. Die Zuordnung war zwar nicht immer einheitlich, darf aber für die damalige Zeit als Grundlage genommen werden.

Gold	Sonne
Silber	Mond
Eisen	Mars
Quecksilber	Merkur
Blei	Saturn
Zinn	Jupiter
Kupfer	Venus

Planetare Metalle in der Legierung

Einen großen Einfluss auf den Klang und die Spieldauer hat die prozentuelle Zusammensetzung dieser Metalle. Über Jahrhunderte hat sich die Ursprungslegierung und die Zusammensetzung von Klangschalen aufgrund der Entdeckung und Herstellung von neuen Metallen und Materialien weiterentwickelt. Mittlerweile gibt es Klangscha-

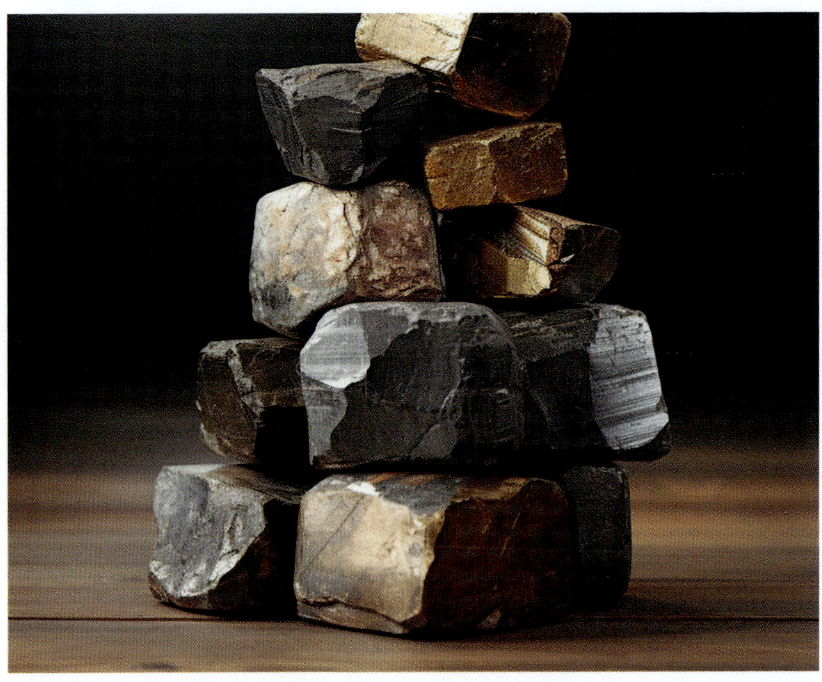

Auf die richtige Zusammensetzung der Legierung kommt es an.

len aus allerlei Material und Legierungen, beispielsweise aus Kristall, Silizium, Aluminium oder Messing. Es gibt sogar welche aus sieben, elf oder noch mehr Metallen.

Das Thema Legierung ist jedoch ein sehr komplexes. In der Literatur herrscht kein Konsens. Die einen setzen auf sieben Metalle bei ihren Klangschalen. Andere behaupten, dass es sich lediglich um einen Mythos handelt, dass sich Klangschalen aus den genannten sieben Metallen zusammensetzen, und nur aus Bronze (Kupfer und Zinn) oder Messing (Kupfer und Zink) bestehen. Meine eigenen metallurgischen Untersuchungen haben jedoch bestätigt, dass handgefertigte Klangschalen aus unterschiedlichen Metallen bestehen und nicht lediglich aus einer Legierung von Kupfer und Zink (Messing) oder Kupfer und Zinn (Bronze).

Die folgende Tabelle zeigt meine metallurgischen Untersuchungen von vier modernen Klangschalen aus unterschiedlichen Manufakturen und Herstellungsjahren auf. Die Angaben sind in prozentuellen Anteilen der jeweiligen verwendeten Metalle dargestellt.

Man kann daran ablesen, dass die regulären Hauptbestandteile bei den Schalen vier Metalle sind, nämlich Kupfer, Zinn, Eisen und Nickel. Die prozentuelle Verteilung ist jedoch von Klangschale zu Klangschale sehr unterschiedlich.

Lass uns einen genaueren Blick auf die Rolle jedes dieser Metalle werfen, da sie maßgeblichen Einfluss auf die Herstellung, den Klang, die Vibration und die Lebensdauer der Klangschale haben und zu ihren vielfältigen klanglichen und strukturellen Eigenschaften beitragen.

Metall	**733g**	**752g**	**1478g**	**3000g**
CU (Kupfer)	75	77,1	73,9	71
SN (Zinn)	14,4	9,1	14,5	15,1
FE (Eisen)	7,9	7,5	7,5	7,5
NI (Nickel)	1	1,8	0,9	1,6
ZN (Zink)	0,4	<0,40	<0,40	<0,40
SI (Silizium)	0,3	<0,10	0,3	0,4
AL (Aluminium)	<0,10	2,1	2,1	<0,10
CR (Chrom)	0,2	0,1	0,2	0,3
PB (Blei)	<0,10	<0,30	<0,10	0,2
MN (Mangan)	<0,10	<0,10	<0,10	<0,10
	99,5	98,6	100	96,7
AS (Arsen),				
BE (Beryllium),				
CO (Kohlenstoff),				
BI (Bismut)	0,5	1,4	0	3,3
Total	**100**	**100**	**100**	**100**

Metallurgische Untersuchung von vier unterschiedlichen Klangschalen

Kupfer ist ein Hauptbestandteil vieler Klangschalenlegierungen. Es bietet eine gute Formbarkeit und Schmiedbarkeit, was die Herstellung komplexer Formen und Designs erleichtert. Zudem trägt Kupfer zur Klangqualität und Schwingungsfähigkeit der Klangschale bei. Kupferhaltige Legierungen erzeugen oft tiefe Grundtöne und harmonische Obertöne, die den Klang der Klangschale komplex und angenehm machen.

Ebenso fungiert Kupfer als ausgezeichneter Schwingungsleiter und trägt dazu bei, dass die Klangschale einen anhaltenden und harmonischen Ton erzeugt.

Kupferhaltige Legierungen sind gegenüber äußeren Einflüssen, wie Oxidation und Korrosion, sehr beständig und daher in der Regel langlebig.

Zinn wird oft als Legierungsbestandteil verwendet, um die Schmelztemperatur der Legierung zu senken und die Gießbarkeit zu verbessern. Es trägt auch zur Struktur der Legierung bei.

Durch den Einsatz von Zinn wird der Klang der Klangschale heller und klarer. Es verleiht der Klangschale oftmals hohe Obertöne und Brillanz. Zudem hat Zinn einen großen Einfluss auf die Schwingungseigenschaften der Klangschale. Es ist verantwortlich dafür, dass die Schale schnell und präzise auf Berührungen reagiert.

Eisen wird in geringen Maßen in Klangschalenlegierungen verwendet, um die Härte und Struktur der Legierung zu beeinflussen. Es trägt auch dazu bei, die mechanischen Eigenschaften der Klangschale zu verbessern. Eisenhaltige Legierungen machen den Klang der Klangschale erdiger und tiefer und verleihen ihm eine besondere Resonanz. Durch das Eisen kann eine Schale eine längere Lebensdauer bekommen, sie ist dadurch allerdings auch anfälliger für Rost.

Nickel trägt zur Verbesserung der Korrosionsbeständigkeit bei, stärkt somit die Struktur und verlängert die Lebensdauer der Klangschale.

Die Verwendung weiterer Metalle in Klangschalenlegierungen, wie Blei, Silizium, Aluminium, Mangan und Chrom, hat die folgenden Vorteile, die bei der Herstellung und den klanglichen Eigenschaften der Klangschalen eine Rolle spielen können:

Obwohl **Blei** aufgrund seiner Giftigkeit nur eingeschränkt Verwendung findet, kann es in kleinen Mengen als Legierungsbestandteil genutzt werden, um die Schwingungseigenschaften der Klangschale zu beeinflussen. Blei macht die Klangschale flexibler und trägt dazu bei, bestimmte harmonische Obertöne zu erzeugen.

Silizium stärkt die Metallstruktur und erhöht die Härte der Klangschale. Dies verbessert die Beständigkeit gegen Verformung und Verschleiß, was insbesondere bei größeren Klangschalen wichtig ist.

Aluminium ist leicht und hat eine gute Wärmeleitfähigkeit. Aluminiumhaltige Legierungen führen häufig zu einem helleren und kraftvolleren Klang.

Mangan erhöht die Härte der Klangschale. Es hat einen Einfluss auf die Kristallstruktur in der Legierung, was sich wiederum auf die Schwingungseigenschaften auswirkt.

Chrom wird häufig in Klangschalenlegierungen verwendet, um die Korrosions- und Verschleißbeständigkeit zu erhöhen, wodurch die Lebensdauer der Schale verlängert wird.

Die Kombination dieser Metalle in verschiedenen Mengen und Proportionen ermöglicht es den Klangschalenmanufakturen, eine breite Palette von Klangcharakteristiken zu erzeugen. Die Auswahl der Legierung hängt oft von den klanglichen Eigenschaften ab, die eine Klangschale haben soll. Ein erfahrener Klangschalenhersteller wird sorgfältig verschiedene Metalle abwägen, um die gewünschten Klangqualitäten, Resonanzen und Obertöne zu erzeugen.

Es sollte berücksichtigt werden, dass die exakten Eigenschaften der Legierungen stark von den Anteilen der verschiedenen Metalle, den verwendeten Verarbeitungstechniken und der handwerklichen Expertise des Herstellers beeinflusst werden. Jede Manufaktur hat dabei ihre eigenen geheimen »Rezepte« für die Legierung, die teilweise seit Jahrhunderten in der Familie weitergereicht werden.

Die genaue Legierungszusammensetzung ist letztlich immer anders. Dies liegt daran, dass die verwendeten Rohstoffe nicht immer in Reinform vorkommen und natürlich, weil sie in intuitiver Handarbeit hergestellt werden.

Gold, Silber und Quecksilber wurden anscheinend für diese modernen Klangschalen nicht mehr verwendet. Ebenfalls wurde kein Meteoritengestein gefunden. Das soll nicht heißen, dass es heutzutage keine Klangschalen mit den traditionellen sieben Metallen mehr gibt, aber man sollte sich darauf auch nicht hundertprozentig verlassen. Schließlich wird auch die Klangschalenherstellung neuzeitlichen Entdeckungen und Entwicklungen angepasst. Insbesondere die hohen Goldpreise würden dazu führen, dass Klangschalen zu unbezahlbaren Gütern würden.

Herstellung einer Klangschale

Die Herstellung der Klangschale ist ein spannender und schweißtreibender Prozess, der in speziellen Manufakturen erfolgt. Diese müssen so ausgerichtet sein, dass einzelne Be- und Verarbeitungsschritte schnell nacheinander erfolgen können. Dies liegt in erster Linie daran, dass Klangschalen nur warmverformt werden können und bei Unterschreitung der Temperatur in der Herstellung brechen würden. Aus diesem Grund ist die Arbeitsstelle meist direkt neben dem Hochofen zu finden.

Zuallererst werden kleine runde und dicke Platten, die Urformen, aus der vorab zusammengesetzten Metalllegierung gegossen. Danach werden die Platten in den Hochofen gelegt. Wenn sie die gewünschte Kerntemperatur erreicht haben (traditionelle Manufakturen erkennen dies beispielsweise an der Farbe der Metallscheibe), werden die Schei-

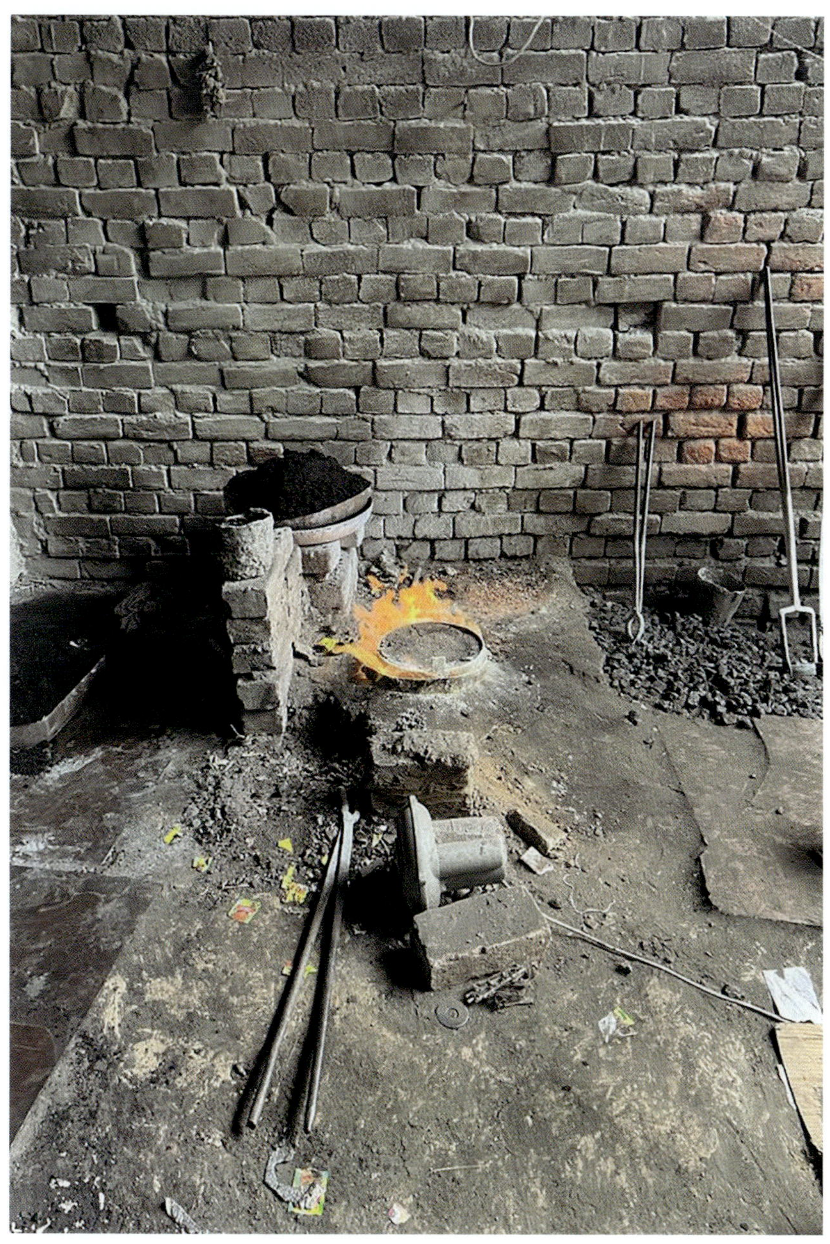

Arbeitsplatz mit Werkzeug und Material, um den Ofen anzuheizen

ben aus dem Ofen genommen und in eine Mulde gelegt, wo dann im gleichen Zuge die Verarbeitung stattfindet. Dafür werden Zangen und unterschiedliche Hämmer benötigt.

Kleinere Klangschalen werden von zwei bis drei Personen hergestellt. Bei größeren Klangschalen, wie den Fußschalen, ist es nicht selten, dass fünf Handwerker die Klangschale mit den Zangen festhalten, und sie gleichzeitig gehämmert wird.

Das Hämmern findet in einem rhythmischen und perfekt abgestimmten Ablauf statt, während derjenige mit der Zange die Schale hochkant dreht. Immer wieder muss die Klangschale dabei in den Ofen reingestellt und rausgeholt werden. Dieser Prozess kann bei normalgroßen Klangschalen, die in der Regel einen Durchmesser von 22–25 cm haben, zwischen zwei bis vier Stunden dauern. Umso größer jedoch die Klangschale ist, umso mehr Zeit benötigt man zur Herstellung.

Video: Herstellung einer Klangschale

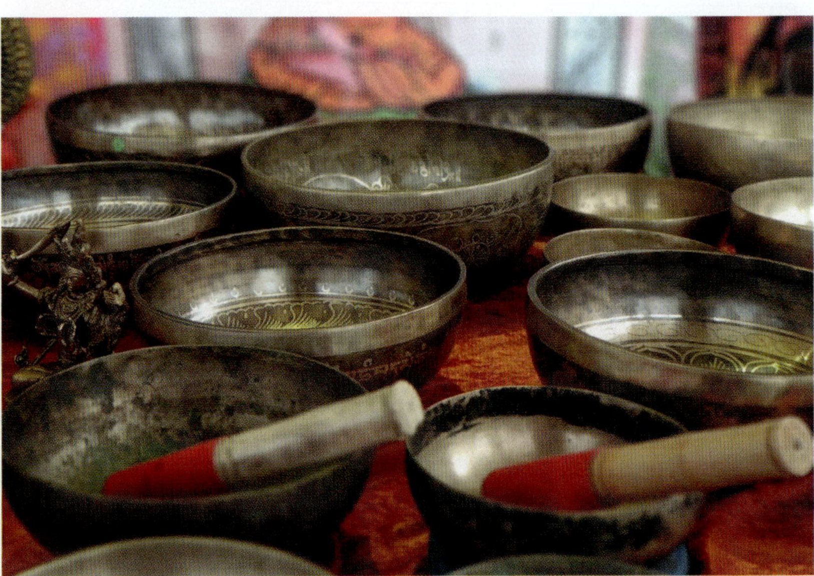

Bei den zwei mittleren Klangschalen sind die Wülste sehr gut zu erkennen.

Bei großen Klangschalen sind am oberen Rand an der Innenseite oft Wülste erkennbar. Dies ist ein Zeichen dafür, dass nicht nur eine Metallscheibe für die Herstellung genutzt wurde, sondern dass sie aus mindestens zwei Scheiben bestehen. Hierzu wird die kleinere Scheibe in die Mitte der Klangschale gelegt, wieder in den Ofen gelegt und anschließend zusammengetrieben, sodass sie eine Einheit bilden.

Während der Herstellung wird die Klangschale immer wieder mit Wasser und Himalaya-Salz benetzt, das das Metall weicher macht. Dadurch ist es einfacher zu treiben.

Anschließend werden die Klangschalen mithilfe einer Feile und feinem Schleifpapier geglättet und poliert. Damit das Leder des Klöppels später dennoch gut greifen kann, werden teilweise feine Rillen in unregelmäßigen Abstand in den Rand hineingearbeitet.

Wer sich eine optisch besondere Klangschale wünscht, kann diese auch mit vielen schönen Verzierungen bekommen. Diese werden entweder aufgemalt (meist zu finden bei den günstigen maschinell hergestellten bzw. gegossenen Klangschalen) oder mithilfe von Säure und/oder Gravurstab hineingearbeitet. In dieser harmonischen Symbiose von Klang und Ästhetik verschmelzen Ton und Optik zu einem wahrhaft einzigartigen Gesamterlebnis. Im nachfolgenden Video wird eindrucksvoll gezeigt, wie Klangschalen durch präzise Handarbeit mit einem Hammer und einem Schlagwerkzeug verziert werden.

Tradition und Ursprung

Der Ursprung der Klangschale bzw. dessen Einsatz ist unbekannt. Man geht aber davon aus, dass die Schalen anfangs lediglich aus Kupfer und nicht näher benannten Beimetallen bestanden und als Essenschalen bzw. zur Aufbewahrung von Trockenfrüchten, Nüssen und ähnlichen dienten.

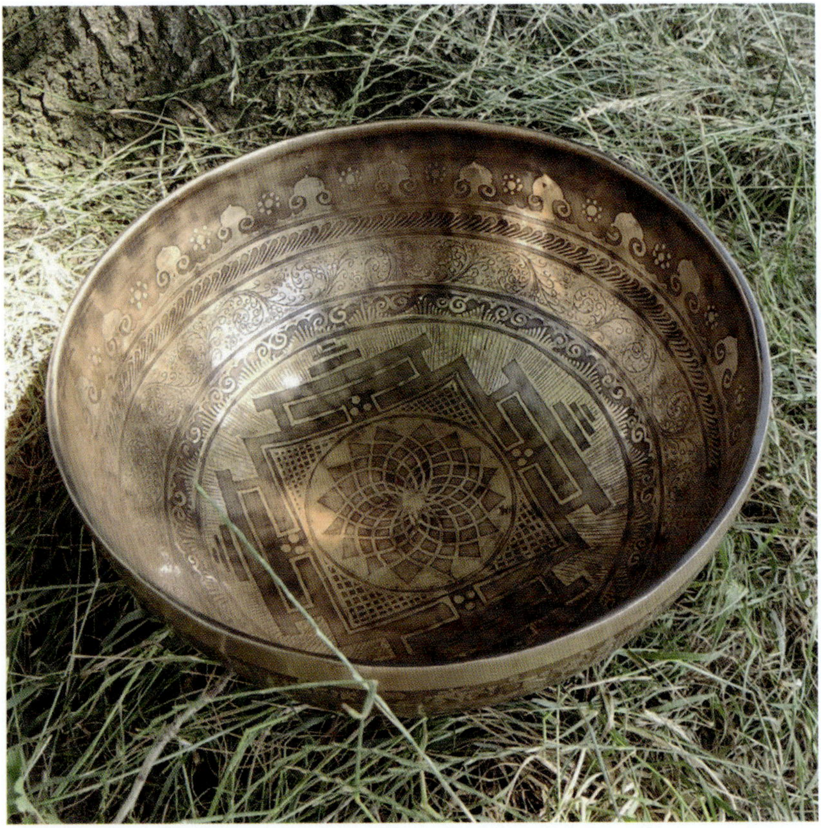

Verzierte und gravierte Klangschale

Video: Verzierung einer Klangschale

Man sagt, dass Menschen, die sich aus diesen Schalen ernährten, gesünder waren bzw. länger lebten. Dies war wahrscheinlich den in den Schalen verarbeiteten Spurenelementen der Metalle zu danken. Kupfer hat beispielsweise eine wichtige Bedeutung für die Funktion von Gehirn und Nerven und beeinflusst außerdem den Eisenstoffwechsel, den Sauerstofftransport und den Energiestoffwechsel.

Schließlich fanden die Klangschalen ihren Weg ins Kulturelle, Spirituelle und Okkulte und ihr Anwendungszweck wurde neu definiert: nämlich nicht mehr, um Nahrungsmittel darin aufzubewahren, sondern um sie schwingen zu lassen. Die Wirkung auf den Menschen ist unterschiedlich, aber sehr facettenreich.

Der Klang der Schale:

- reduziert Stress und Ängste deutlich.
- senkt Wut und lindert den Blutdruck.
- verbessert die Durchblutung und erhöht den Blutfluss.
- fördert Tiefenentspannung und Schmerzlinderung.
- wirkt (Chakra-)ausgleichend.
- erhöht die geistige und emotionale Klarheit.
- fördert Stille, Glück und das Wohlbefinden.
- unterstützt und regt das Immunsystem an.
- fördert ein allgemeines Gefühl von erhebender, inspirierender und positiver Energie.
- verbessert die seelische Gesundheit.
- hilft in der Schmerztherapie.
- erhöht den Sauerstoffgehalt im Blut.
- fördert die Produktion von Endorphinen und Serotonin.
- beruhigt und konzentriert den Geist für die Meditation.

Jede Klangschale wirkt dabei jedoch unterschiedlich auf den Anwender. Dies liegt insbesondere an den Schwingungen der Klangschale, welche durch ihre Töne erzeugt werden. Wie bereits erörtert, hat zum einen die Materialwahl einen wesentlichen Einfluss auf den Klang der Schale. Ein weiterer Einfluss ist die Bauform der Klangschale.

Die große Auswahl an Formen und Bauarten

Über die Jahrhunderte haben sich unterschiedliche Klangschalen-Varianten entwickelt, welche sich in Form und Materialwahl unterscheiden. Es gibt an die 50 Varianten, wovon heutzutage lediglich sieben bis acht Bauformvarianten vorrangig vertreten sind. Jede davon hat ihre eigene charakteristische Form und einen individuellen Klang. Dekorative Verzierungen können dabei bei allen Klangschalenarten vorhanden sein – innen sowie außen. Dazu gehören zum Beispiel Linien, kleine eingeprägte Kreise oder auch eine Verzierung mit einem Mantra oder Buddha. Sie sind lediglich eine Veredelung der Klangschale. Grundsätzlich kann man allerdings davon ausgehen, dass je schöner und hochwertiger der Klang der Schale ist, auch mehr Mühe und Einsatz aufgewendet wird, um diese optisch ansprechend zu gestalten. Doch das Wesentliche an einer Klangschale sollte immer der Klang sein.

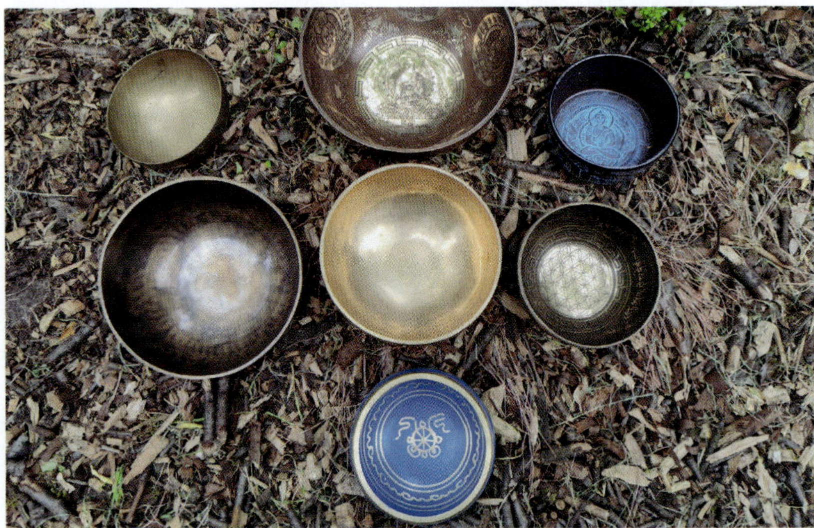

Unterschiedliche Klangschalenarten

Hier eine kleine Auswahl unterschiedlicher Klangschalen-Typen:

Jambati

Jambati-Klangschalen gehören zu den größten und schwersten in der Klangschalenfamilie, jedoch gleichzeitig auch zu den schönsten. Diese wundervollen Klangschalen zeichnen sich durch recht hohe und anmutig geschwungene Wände und einen kleinen flachen Boden aus.

Sie gehören zu den bekanntesten Bauformen von Klangschalen und reichen von 200 g mit knapp 7 cm Durchmesser bis hin zu 20 kg mit 80 cm Durchmesser.

Sie sind relativ robust und weisen ein großes Spektrum an Tönen und Obertönen auf. Ihr Klang kann sowohl tief und beruhigend als auch reichhaltig und komplex sein. Oft haben sie tiefe Grundtöne, die von harmonischen Obertönen begleitet werden, die wiederum einen besonderen Klangreichtum erzeugen.

Im Allgemeinen werden Jambati-Klangschalen für ihre Fähigkeit geschätzt, eine meditative und entspannende Atmosphäre zu schaffen.

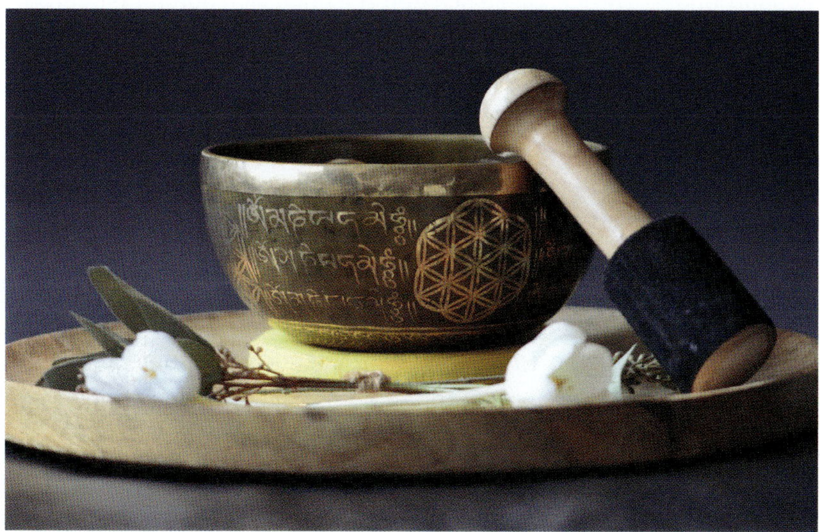

Jambati-Klangschale mit Gravur

Ihr Klang kann eine tiefe Resonanz erzeugen, eine Art »Om«-Klang, der für Meditation und Heilungspraktiken verwendet wird. Manche der Jambati-Klangschalen bringen mit unterschiedlichen Klöppeln über sechs unterschiedliche Töne hervor.

So facettenreich ihr Klang ist, so ist auch ihre Erscheinung. Sie werden auf unterschiedlichste Art verziert und verschönert. Aufgrund ihrer dicken Wände können sie graviert und geätzt werden. Riefen und Rillen entlang der Ränder oder Buddha-Gravuren auf der Bodeninnenseite sind keine Seltenheit. Andere bekommen lediglich eine Einfärbung oder auch Polierung.

Je nach Größe schwingen und singen sie von der ersten bis zur sechsten Oktave und beeindrucken gleichzeitig mit ihren durchdringenden Vibrationen.

Thadobati

Thadobati-Klangschalen gehören mitunter zu den bekanntesten und ältesten Schalenformen. Einige Exemplare gehen mindestens auf das 15. Jahrhundert zurück. Diese Schalen zeichnen sich durch fast gerade, hohe Wände und einen breiten, flachen Boden aus, dessen Durchmesser manchmal nur wenig geringer als der Rand ist. Die Wände sind in der Regel eher dünn, mit leichten Unterschieden in der Stärke.

Die Thadobati-Klangschalen verführen einen durch besonders starke Vibrationen, die vor allem zur Seite ausstrahlen, und sie lassen sich sehr einfach anreiben. Dadurch sind sie besonders für Anfänger geeignet. Die meisten Thadobati-Schalen bringen tendenziell tiefere Töne hervor und haben eine reiche, warme Klangfarbe. Ihre Schwingungsfrequenzen erzeugen oftmals eine beruhigende und erdige Resonanz. Da sie aber in verschiedenen Größen hergestellt werden, können ihre Klangnuancen natürlich variieren.

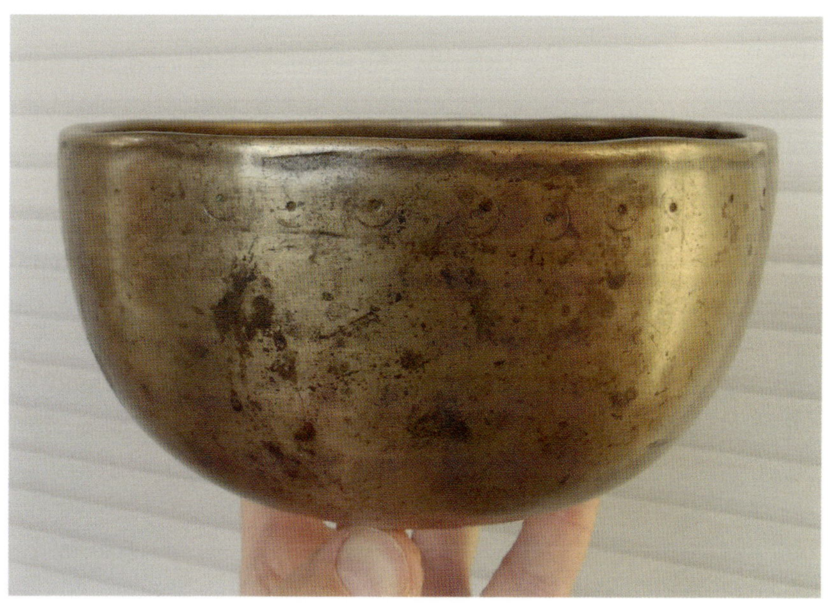

Eine ungewöhnliche Thadobati-Klangschale mit punktuellen Verzierungen an der Seite

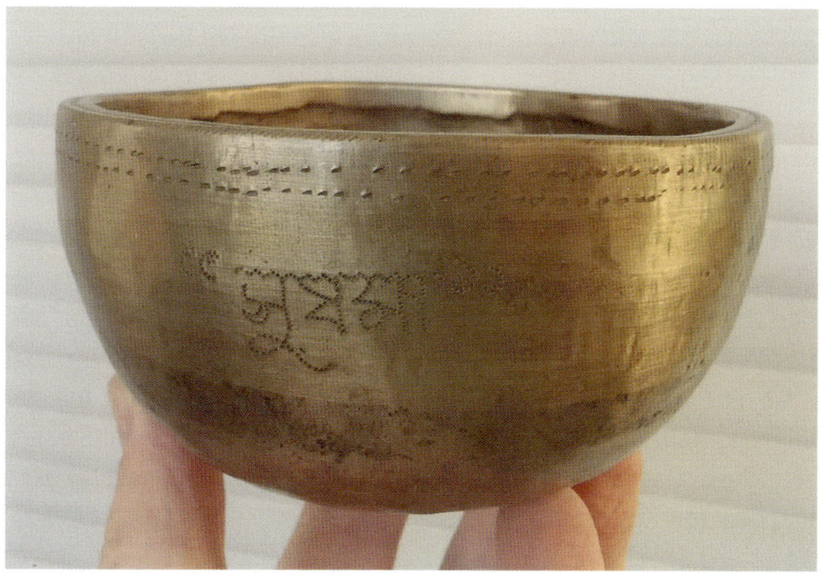

Eine kleine Thadobati-Schale mit Inschrift und anderen Verzierungen

Manipuri

Der Name Manipuri leitet sich von dem nordöstlichen indischen Bundesstaat Manipur ab, der ein Zentrum für die Herstellung von Messingobjekten ist.

Manipuri-Klangschalen lassen sich durch ihre spezielle Bauform relativ schnell erkennen. Sie können zwar unterschiedlich gestaltet sein – dick oder dünn, schlicht oder reich verziert – was sie jedoch gemeinsam haben, ist ihr charakteristisches niedriges Seitenprofil und der kleine, abgerundete Boden.

Viele Manipuri-Schalen sind mit konzentrischen Kreisen geschmückt, die strahlenförmig von der Mitte der Schale ausgehen. Diese Muster sind oft durch langjährigen Gebrauch und Abnutzung nur noch schwach zu erkennen, verleihen den Schalen aber einen Hauch von verborgener Geschichte. Gelegentlich werden die äußeren Wände mit heiligen geometrischen Symbolen oder einer unregelmäßigen Abfolge von rituellen Einschnitten oder fein gearbeiteten Details versehen, um sie zu vervollkommnen. Dies verleiht den Klangschalen nicht nur ästhetische Schönheit, sondern auch eine spirituelle Bedeutung.

Diese Klangschalen lassen sich relativ leicht spielen. Aufgrund des abgerundeten Bodens können kleine oder leichte Exemplare allerdings in der Hand rotieren, sodass sie am besten auf den Fingerspitzen balanciert gespielt werden.

Manipuri-Schalen gibt es in einer großen Auswahl an Größen und Stärken. Der Klang kann als hell, lebendig und energetisch beschrieben werden. Sie erzeugen oft Töne, die eine Balance zwischen Tiefe und Helligkeit schaffen.

Sie sind insbesondere bei den Menschen beliebt, die sich mit der Energiearbeit und der Aktivierung der Chakren beschäftigen. Sie nutzen diese Klangschalen gerne für Meditationen, Heilungspraktiken und Chakren-Ausgleich.

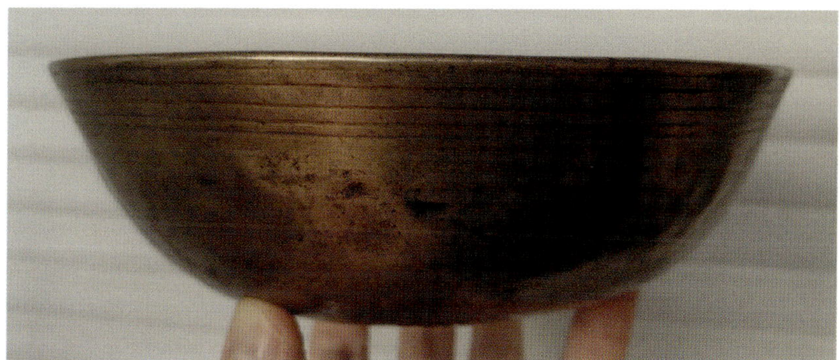

Manipuri-Klangschale mit Rillen an der Seite

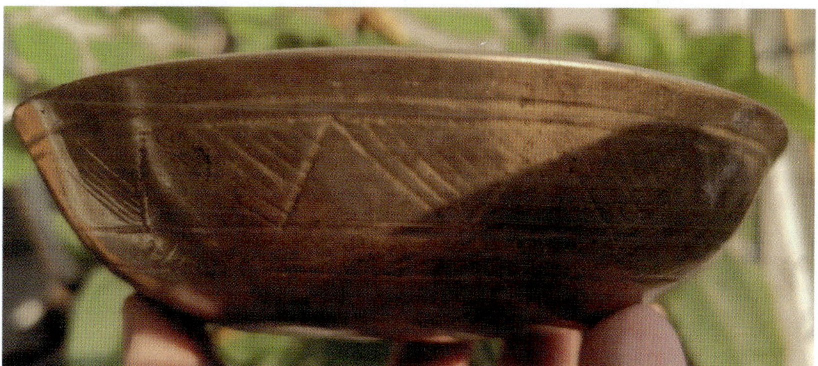

Manipuri-Klangschale mit dreieckigen Verzierungen

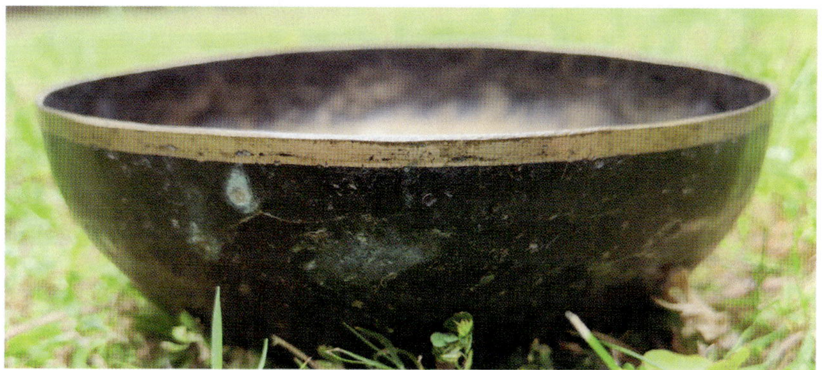

Manipuri-Klangschalen müssen nicht immer Verzierungen aufweisen, sondern können auch schlicht sein.

Lingam

Lingam-Klangschalen sind relativ selten zu finden. Sie werden insbesondere für rituelle, zeremonielle als auch medizinische Zwecke hergestellt und haben einen erstaunlich reinen Klang.

Benannt nach dem Männlichkeitsprinzip, sind sie leicht an einem in der Bodenmitte befindlichen konischen Vorsprung zu erkennen, dem Lingam. Dieser konische Vorsprung repräsentiert das männliche oder phallische Symbol des Gottes Shivas und repräsentiert seine schöpferische Energie, die auch als »Siva Lingodbhava« oder »der Samen des Universums« bekannt ist. Er steht für Fruchtbarkeit, Potenz und die schöpferische Kraft des männlichen Aspekts des Göttlichen.

Der Lingam ist in der Regel mit einem Yoni verbunden, der das weibliche Prinzip repräsentiert und die Göttin Shakti symbolisiert. Gemeinsam stehen der Lingam und der Yoni für die Einheit und das Gleichgewicht der männlichen und weiblichen Energien in der Schöpfung.

Der Lingam wird oft als Symbol für das harmonische Zusammenwirken von männlichen und weiblichen Energien gesehen, was eine zentrale Vorstellung im Tantra ist. Die Praxis der Lingam-Verehrung kann dazu dienen, diese Polaritäten in Einklang zu bringen und ein tiefes spirituelles Gleichgewicht zu erreichen.

Des Weiteren kann die Verehrung des Lingam dazu beitragen, das Bewusstsein zu erweitern. Im Tantra wird die sexuelle Energie als eine wichtige Quelle spiritueller Kraft betrachtet. Durch die bewusste Lenkung und Umwandlung dieser Energie kann man höhere spirituelle Zustände erreichen.

In einigen tantrischen Praktiken wird der Lingam auch im Zusammenhang mit sexueller Gesundheit und Erfüllung betrachtet. Hierbei geht es darum, eine bewusste und respektvolle Herangehensweise an die sexuelle Energie zu entwickeln, um tiefere Verbindungen und Erfüllung in der sexuellen Beziehung zu erreichen.

Bei diesen Klangschalen kann der Lingam rundlich sein oder spitz nach oben zulaufen. Dazu gesellt sich außen am Boden in der Regel

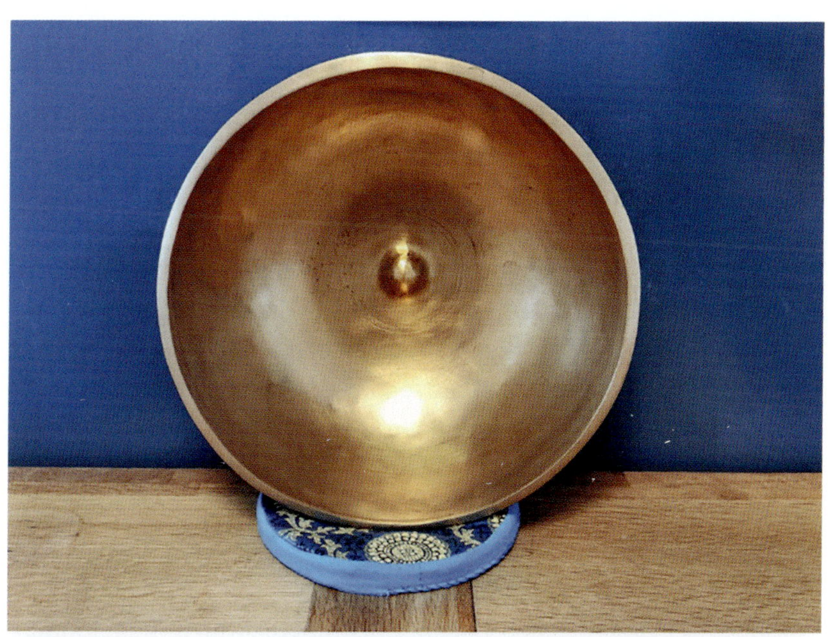

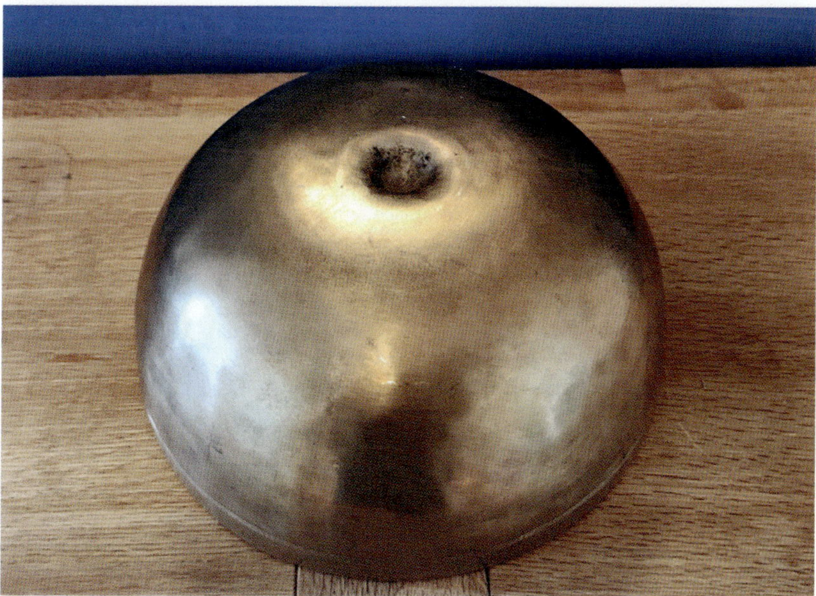

Neue Lingam-Klangschale mit dem unverwechselbaren Design

eine Vertiefung, die den Yoni symbolisiert. Somit haben wir hier die Vereinigung der männlichen mit der weiblichen Energie.

Die Lingam-Schalen gibt es in einer Vielzahl von Formen und Größen, aber häufig haben sie ein niedriges und flaches Profil. Sie verfügen in der Regel über dicke Wände und einen konisch zentrierten Vibrationsbereich. Sie sind klanglich sehr präsent und verfügen über besonders starke Vibrationen. Die Metalllegierung, aus denen Lingam Klangschalen hergestellt werden, sind in der Regel dichter und schwerer als die von anderen Klangschalen mit demselben Durchmesser. Ebenfalls sind ihre Wände stärker als bei regulären Klangschalen. Dies alles trägt dazu bei, dass die Vibrationen intensiver und kraftvoller sind. Daher sind sie besonders für heilende und meditative Praktiken geeignet. Die intensiven Schwingungen können tiefe Entspannung fördern, die Energiezentren im Körper aktivieren und eine starke Resonanz in denjenigen erzeugen, die mit ihnen arbeiten.

Antike Lingam-Schalen haben einen deutlich abgerundeten Stil, ähnlich wie die Jambati-Schalen. Man sollte sich das Lingam genaus-

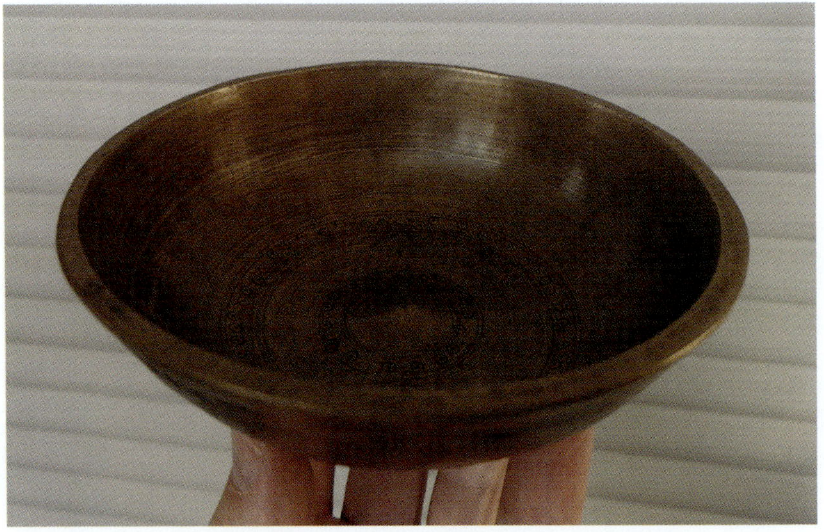

Alte Lingam-Klangschale. Man erkennt den seichten Lingam in der Mitte des Bodens.

ten von unten ansehen. Gefälschte Lingams sind lediglich aufgesetzt und angelötet. Ein echtes und gleichzeitig starkes Lingam muss an der Unterseite gleichmäßiges Metall haben und aus dem Boden der Klangschale herausgearbeitet sein, sodass ein Yoni erkennbar ist. Die Klänge der Lingam-Klangschalen besitzen eine ätherische und authentische Qualität. Sie sind besonders geeignet, um Kraft, Kreativität und Konzentration zu fördern.

Eine weitere ausgezeichnete Anwendung der Lingam-Klangschalen ist zudem die Reinigung von Räumen, Gegenständen und Kristallen. Das liegt daran, dass das Spielen einer Lingam-Klangschale in der Nähe von negativen Energien helfen kann, diese zu reduzieren oder sogar zu beseitigen.

Ein weiterer großartiger Weg, um mit den Klängen dieser Schalen in Resonanz zu gehen, ist das Singen. Indem du positive Affirmationen, die mit der Energie der Lingam-Schalen verbunden sind, singst, kannst du die Luft, die Energie um dich herum und deine Chakren mit positiver Energie aufladen.

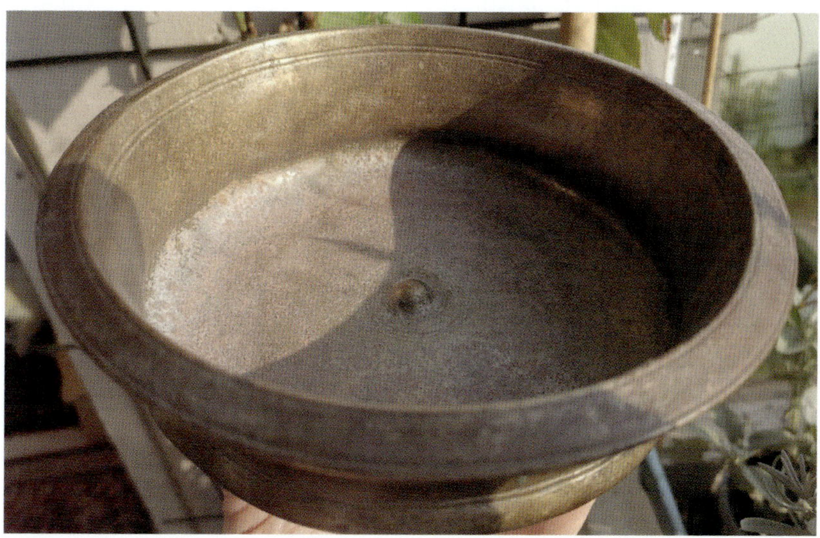

Alte Lingam-Klangschale mit dicken Rand

Beispiele für positive Affirmationen sind:

- Ich bin die Quelle der Kraft.
- Ich bin geheilt.
- Ich bin kreativ.

Alles, was du dafür tun musst, ist, die Lingam-Klangschale einige Minuten vor deiner Meditation zu spielen. Dies wird dazu beitragen, störende Gedanken und inneren Lärm aufzulösen und den Weg für Kreativität zu ebnen.

Kristallklangschale

Kristallklangschalen sind moderne Musikinstrumente, die aus Quarzkristall hergestellt werden. Sie sind auch als Silizium- oder Quarzklangschalen bekannt. Diese Klangschalen erzeugen klare und reine Töne mit lang anhaltenden Obertönen, die oft als meditativ und heilend empfunden werden.

Kristallklangschalen sind in den späten 1980er- und frühen 1990er-Jahren bekannt geworden und somit relativ neu im Vergleich zu den traditionellen Klangschalen, welche es schon seit mehreren Tausend Jahren gibt.

Diese besondere Art von Klangschalen entsteht, indem Siliziumquarz geschmolzen und in Formen gegossen wird. Sie können in vielerlei Formen und Größen hergestellt werden – von klassisch schalenförmig bis hin zu kelchförmig oder anderen geometrischen Designs.

Der verwendete Quarz ist in der Regel klar und transparent, was den Schalen ein ästhetisch ansprechendes Aussehen verleiht. Auch ist es möglich, den Quarz zu mattieren oder durch Zugabe von verschiedenen Mineralien zu behandeln, um verschiedene Farben als auch Klangqualitäten zu erzeugen.

Dadurch entstehen vielfältige Klangvariationen, die eine breite Palette von Tönen und Obertönen bieten.

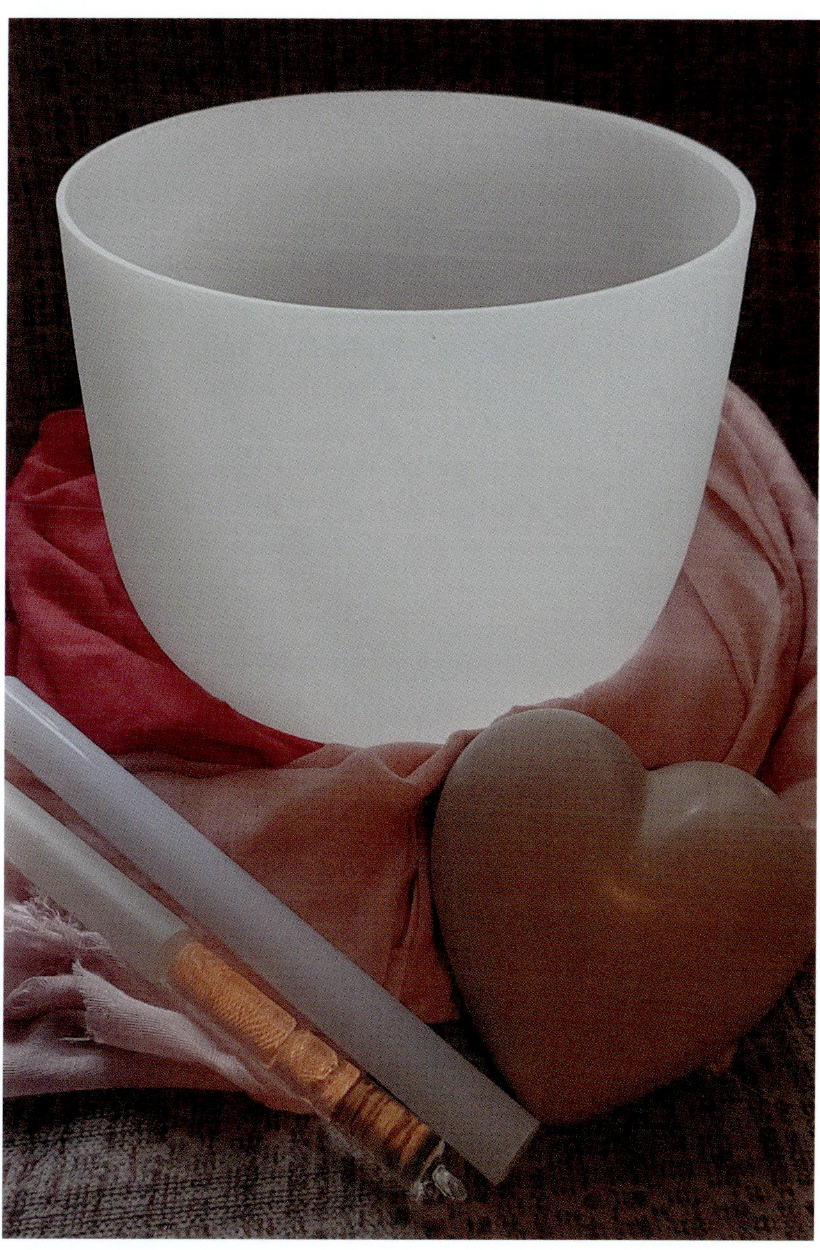

Kristallklangschale mit Schlägel

Es heißt, dass Kristallschalen im Gegensatz zu herkömmlichen Klangschalen aus Metall eine stärkere Verbindung zur physischen Heilung des Körpers haben, da jede Zelle innerhalb der menschlichen Struktur ihre eigene geometrische kristalline Komponente hat. Insofern geht man im Allgemeinen davon aus, dass der von einer Kristallklangschale ausgestrahlte Klang das elektromagnetische Feld der Person, die therapiert werden soll, stimuliert und ausgleicht.

Seit vielen Jahren werden Kristalle für ihre heilenden und schützenden Eigenschaften geschätzt. Daher ist es nur folgerichtig, dass die Verwendung von Kristallen bei der Herstellung von Klangschalen sehr hilfreich sein kann.

Sie sind ein Beispiel dafür, wie traditionelle Klanginstrumente mit modernen Materialien und Techniken neu interpretiert werden können.

Fußklangschalen

Diese Art der Klangschalen ist, wie der Name es bereits vermuten lässt, insbesondere für die Füße gedacht. Es handelt sich hierbei um große Klangschalen, die in der Regel ab 6 kg als solche angeboten werden. Sie können unterschiedliche Bauarten aufweisen, sind aber in der Regel, wie die Jambati-Klangschalen, durch hohe und dicke geschwungene Wände gekennzeichnet. Der Boden kann flach oder auch leicht gewölbt sein.

Wichtig bei der Auswahl einer Fußklangschale ist, dass die Hacken und die Zehen nicht die Wand berühren, da hierdurch die Vibrationen zu stark absorbiert werden, wodurch zum einen die Klangqualität als auch die Klangdauer abnimmt. In der Regel sind 9- bis 10-kg-Schalen hervorragend geeignet für eine Schuhgröße von bis zu 43/44 – umso größer die Füße desto schwerer die Klangschale.

Der Klang einer Fußschale arbeitet sich im besten Fall von der Fußreflexzone angefangen durch den ganzen Körper, entlang der Beine über die Wirbelsäule bis hin zu den Haarspitzen nach oben. Bei der

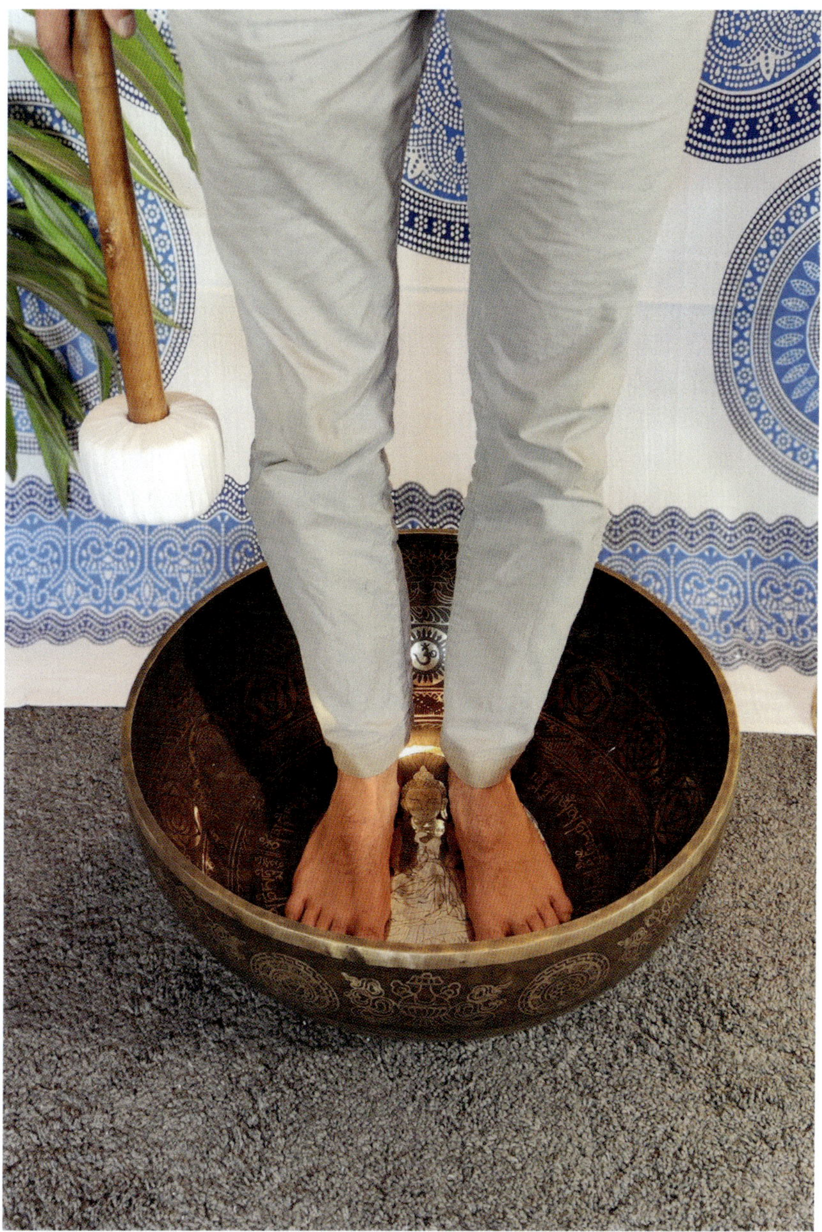

Fußklangschale mit Gravuren und Verzierungen

Reflexzonenmassage geht man davon aus, dass bestimmte Bereiche der Füße mit verschiedenen Organen und Systemen im Körper in Verbindung stehen. Sollte man die Schale nur bis zu einem bestimmten Bereich spüren, liegt die Vermutung nahe, dass an dieser Stelle eine Blockade des Chakras oder auch eine Krankheit vorliegt.

Mondklangschalen

Mondklangschalen sind eine vergleichsweise neue Innovation auf dem Markt. Ihre Herstellung erfolgt während der Nacht oder insbesondere in Vollmondnächten. Ein entscheidendes Kriterium bei der Herstellung ist, dass der Mond unverhüllt von Wolken scheint. Sollten sich Wolken vor den Mond schieben, unterbricht man die Arbeit. Es heißt, dass diese Mondschalen während der Herstellung die Energie des Mondes einfangen und somit eine stärkere und intensivere heilende Wirkung aufweisen. Charakteristisch für Mondschalen sind ihre dicken Wände, die von gezogenen Linien geschmückt sind, sowie die beiden gegenüberliegenden Verzierungen an der Schalenwand.

Mondschalen sind wirklich einzigartig, sowohl hinsichtlich ihres Klangs als auch ihrer Resonanzdauer. Dennoch sollte man beim Kauf achtsam sein, da aufgrund der hohen Nachfrage die Manufakturen oft Schwierigkeiten haben, mit der Produktion Schritt zu halten. Leider haben sich dadurch auch Kopien auf den Markt eingeschlichen. Diese werden hergestellt, indem handelsübliche Klangschalen mit einem Gravurstab verziert werden, auf dem die typischen Mantras und Symbole eingraviert sind.

Auch in diesem Fall ist es entscheidend, bei der Auswahl der Schale seinem Instinkt zu vertrauen. Die charakteristischen Merkmale wie der tiefe und nachklingende Klang sowie die besonderen Vibrationen lassen sich nicht allein durch eine Gravur erzeugen.

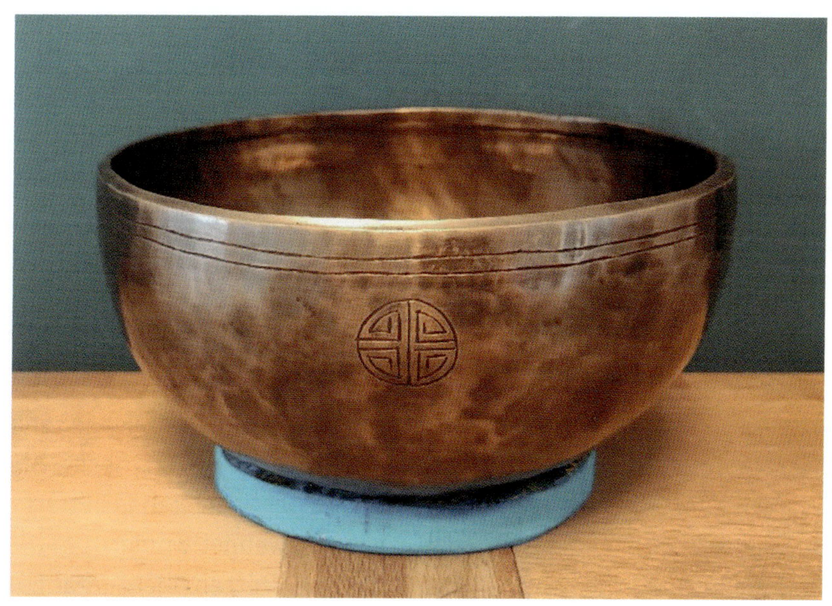

Mondklangschale mit Mondsymbol

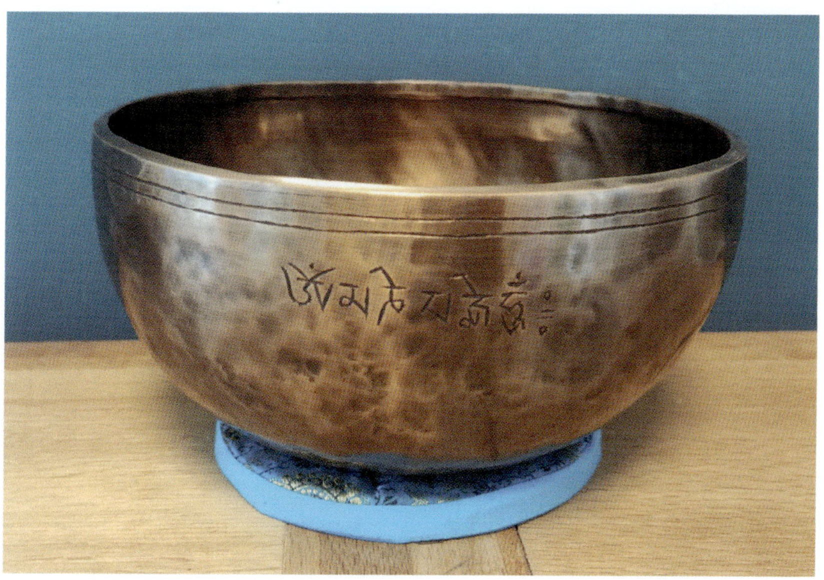

Mondklangschale mit Mantra-Gravur

Alte und antike Klangschalen

Einst wurden handgefertigte Klangschalen, wie bereits angedeutet, als alltägliche Küchen-, Aufbewahrungs- und Essgegenstände verwendet. Ebenfalls erwähnenswert ist es, dass Klangschalen in der Vergangenheit auch als eine Art Währung verwendet wurden, ähnlich wie Münzen und andere kostbare Gegenstände, die die einzigen verfügbaren Zahlungs- und Tauschmittel waren. Traditionell wurden Klangschalen anhand ihrer Dicke, ihres Gewichts und der angeblichen Metallzusammensetzung bewertet. Typischerweise war die Klangschale umso wertvoller, je schwerer sie war.

Darüber hinaus wurden Klangschalen in den Kulturen Nepals und Tibets oft als Hochzeitsgeschenke oder als Mitgift verschenkt. Sie wurden als Zeichen der Wertschätzung und des Wohlstands betrachtet und konnten auch als heilige Objekte verwendet werden, um die spirituelle und schamanische Praxis zu unterstützen. Mehr Informationen zu diesen Völkern findest du im Kapitel »Klangschalen in der Religion«.

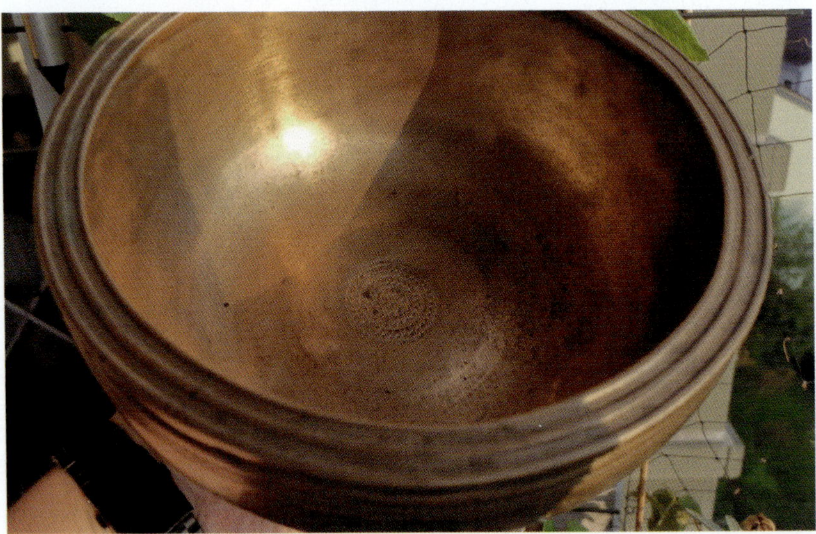

Eine sehr dickwandige und schwere Klangschale

Die Herstellung von leichteren und dünnwandigeren Klangschalen ist eine relativ moderne Entwicklung und hat sich im Laufe des 20. Jahrhunderts verstärkt durchgesetzt. Traditionell wurden Klangschalen oft aus einer dickeren Metalllegierung hergestellt, was zu einem tieferen und kräftigeren Klang führte.

Das Identifizieren alter Klangschalen und ihre zeitliche Einordnung stellt eine herausfordernde Aufgabe dar. Durch das gezielte Aufbringen von Oxidation und Patina kann die Oberfläche der Klangschale Verfärbungen und Altersspuren aufweisen. Dies kann durch chemische Prozesse oder natürliche Einwirkungen wie Feuchtigkeit und Luft erzeugt werden. Ebenfalls kann durch das Erzeugen von künstlichen Kratzern oder Schrammen der Eindruck erweckt werden, dass sie über die Zeit hinweg abgenutzt wurde. Auch das gezielte Aufbringen von Schmutz, Staub, Farbe, Flecken oder kleinen und großen Partikeln auf der Oberfläche kann den Eindruck von jahrelangem Gebrauch vermitteln.

Doch gibt es auch Merkmale, die sich nicht leicht verfälschen lassen. Besonders beachtenswert sind dabei Aspekte wie die spezifische Legierung, die hauchdünne oder auch sehr starke Wandstärke, die unterschiedlichen Bauformen und kleinere charakteristische Merkmale wie Gravuren, Verzierungen, Mantras, Namen auf Sanskrit und andere Schriften. Diese Faktoren, die in den alten Klangschalen authentisch zu finden sind, erfordern eine sorgfältige Handwerkskunst und Expertise, um sie erfolgreich in neu hergestellten Klangschalen zu reproduzieren.

Die handwerkliche Kunst, eine neue Klangschale exakt so herzustellen wie die alten Originale, ist allerdings aus finanzieller Sicht nicht immer lohnenswert. Dies liegt daran, dass der Aufwand und die Ressourcen, die für die Herstellung und Reproduktion erforderlich sind, oft nicht in einem wirtschaftlichen Verhältnis zum erzielbaren Wert stehen.

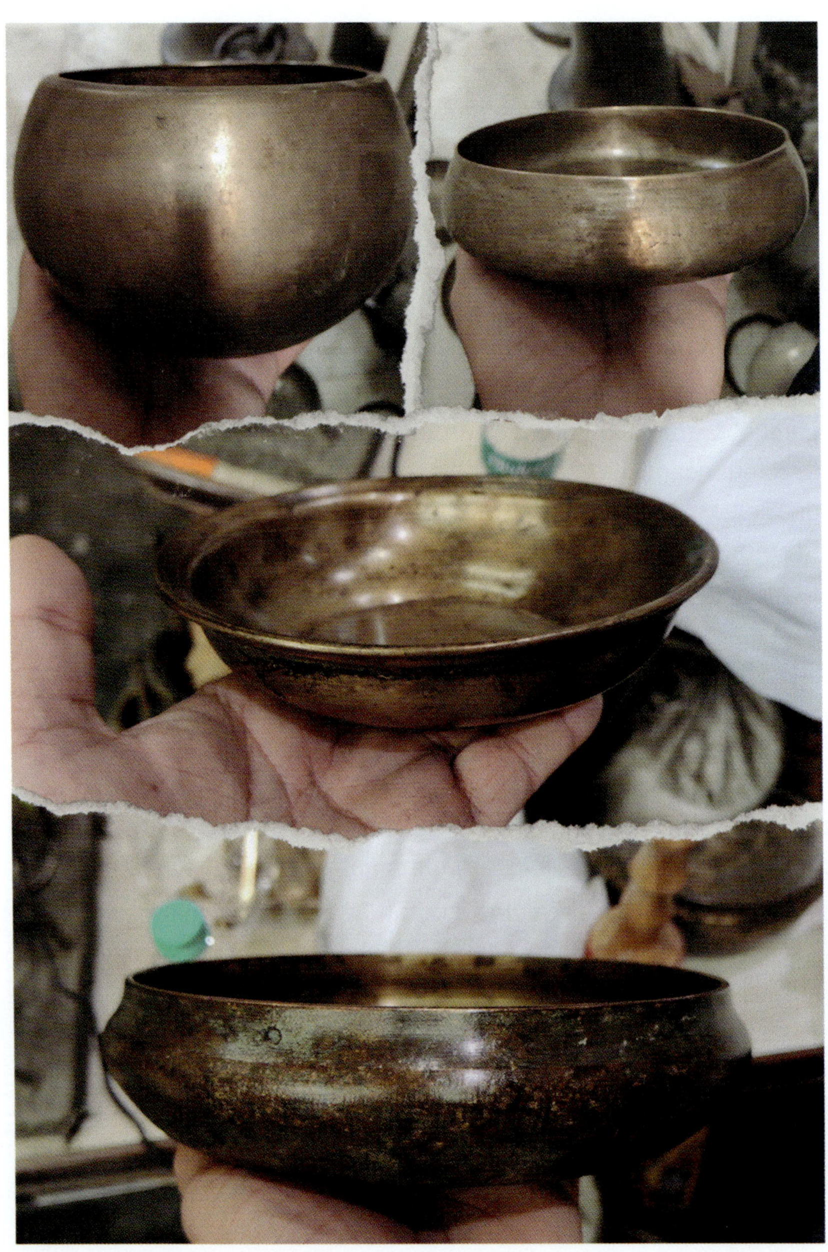

Unterschiedliche alte Klangschalen, gefunden im indischen Himalayagebiet

Und selbst dann bleibt eine entscheidende Eigenschaft, die niemals erfolgreich nachgeahmt werden kann: die einzigartige Energie, die sich im Laufe der Jahrzehnte in den tatsächlich alten Klangschalen angesammelt hat.

Von alten Klangschalen spricht man in der Regel bei einem Alter von mindestens 40 bis 50 Jahren und aufwärts. Die Klangschalen auf dem nachfolgenden Foto stammen vermutlich aus der Zeit zwischen 1945 und 1965. Diese Epoche war geprägt von turbulenten Ereignissen in Südasien. Während Indien seine Unabhängigkeit von den Briten erlangte und neue Grenzen gezogen wurden, annektierte China Tibet. Ende März 1959 verließ der 14. Dalai Lama, sowohl das religiöse als auch politische Oberhaupt der Tibeter, seine Heimat und floh ins indische Exil. Etwa achtzigtausend seiner Landsleute folgten ihm und fanden in Indien eine neue Heimat. Mit in ihrem Gepäck befanden sich neben anderen Besitztümern auch ihre wertvollen Klangschalen.

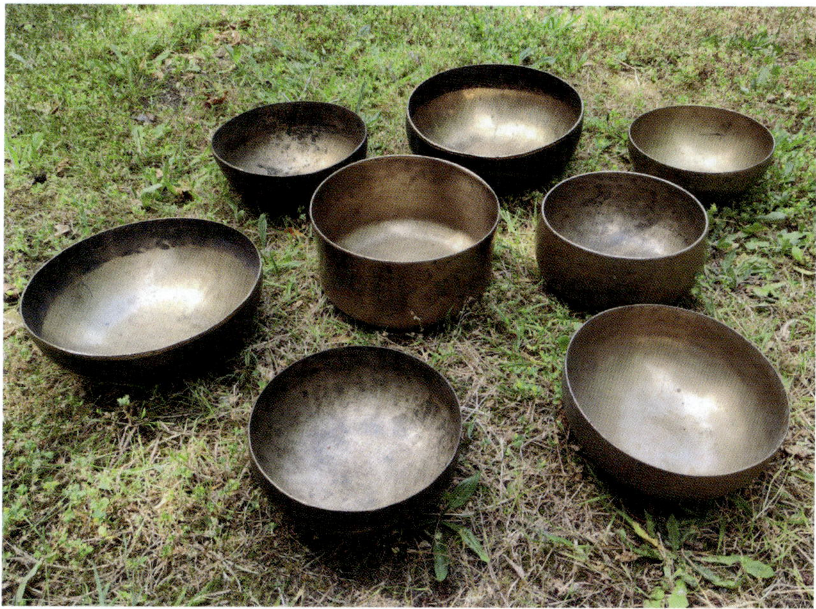

Alte Klangschalen aus Tibet, Nepal und Indien

Der Zeitraum ist nicht näher einzugrenzen, da die Klangschalen aus verschiedenen Regionen stammen, wie Tibet, Nepal und Indien. Diese vielfältige Herkunft spiegelt die kulturelle und spirituelle Bandbreite der Klangschalen wider. Einige dieser Klangschalen wurden mit feinen Mantras oder Namen auf Sanskrit verziert, was ihre spirituelle Bedeutung betont. Andere wurden auch als Essenschale oder Aufbewahrungsgefäß genutzt, was auf die praktische Vielseitigkeit dieser Gegenstände hinweist.

Unabhängig von ihrer Verwendung haben viele dieser Klangschalen über die Zeit Spuren von Patina, Schmutz und Flecken angesammelt. Diese Zeichen der Vergangenheit verleihen den Klangschalen nicht nur Charakter, sondern erzählen auch eine Geschichte ihrer langen Reise durch die Jahrzehnte. Jede Verfärbung oder Abnutzung erzählt von den Händen, die sie gehalten haben, den Räumen, in denen sie erklangen, und den Erlebnissen, die sie begleiteten.

Alte Klangschalen ab den 1950er-Jahren lassen sich in der Regel aufgrund ihrer dünnen Wände sehr einfach anreiben und sind im Verhältnis zu ihrem Durchmesser sehr leicht. Hierbei wird deutlich, dass die Herstellung einer Klangschale viel mehr Zeit in Anspruch nimmt, wenn sie hauchdünn sein soll. Ein Fehler bei der Herstellung, beispielsweise durch zu starkes Hämmern, würde zum Bruch führen. Neu hergestellte Schalen sind oft dickwandiger und können Fehler verzeihen.

Ein weiteres Merkmal, was auf die Authentizität einer alten Klangschale hinweist, sind »weiche« Ränder. Wird eine Klangschale viel bespielt, werden die Ränder dadurch immer glatter und weicher. Es dürften sich also keinerlei harte Ecken und Kanten an einer alten Schale befinden. Dieses Detail verdeutlicht, dass eine alte Klangschale bereits viele Klangerlebnisse und Berührungen erlebt hat.

Bei der Suche nach einer solchen authentischen Klangschale sollte man zudem auf unregelmäßige Flecken, Kratzer und Verfärbungen achten, insbesondere am oberen Rand der Schale oder am Boden.

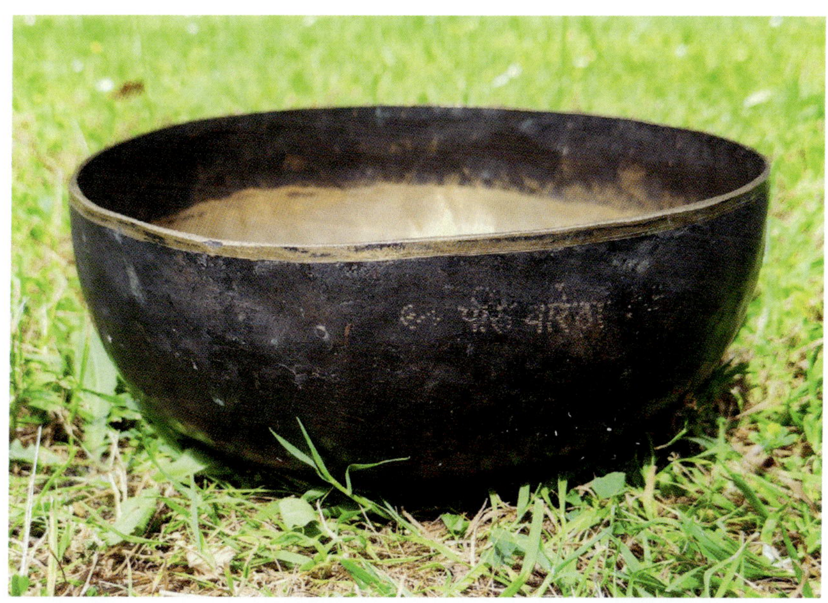

Alte Klangschale mit Symbolen und Inschrift

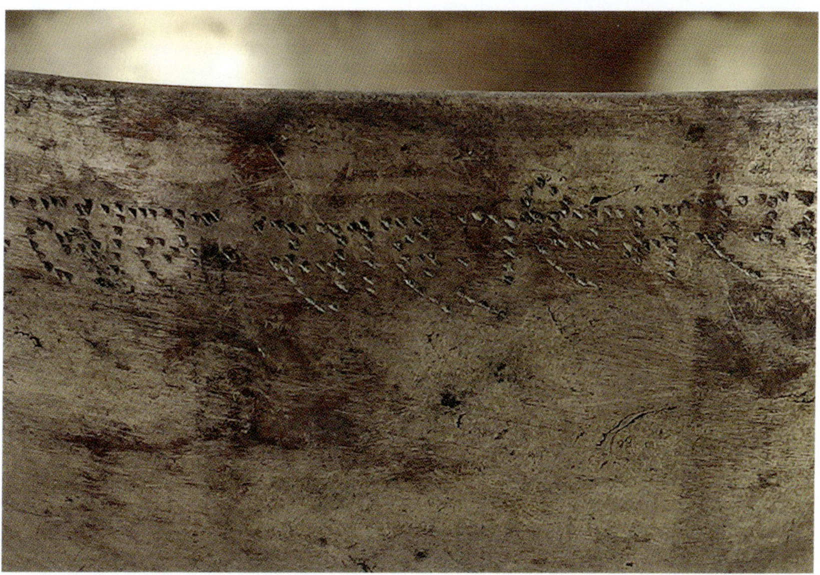

Alte Klangschale mit Mantra

Feine Rillen auf der Bodeninnenseite oder am äußeren Rand können auf liebevolle Handarbeit hindeuten. Auch außergewöhnliche Formen sind ein Hinweis darauf, dass man eine alte Klangschale vor sich hat. Diese Formen sind oftmals im Laufe der Zeit durch handwerkliches Geschick und individuelle Gestaltung entstanden.

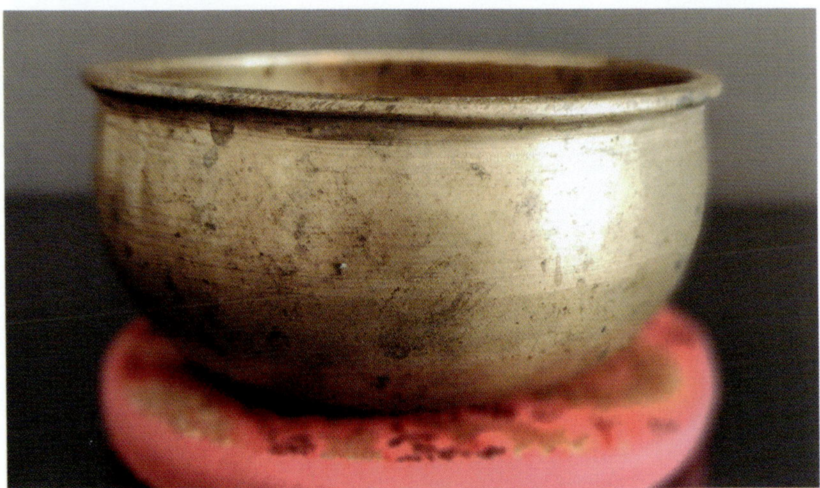

Alte Klangschale mit ausladender Lippe

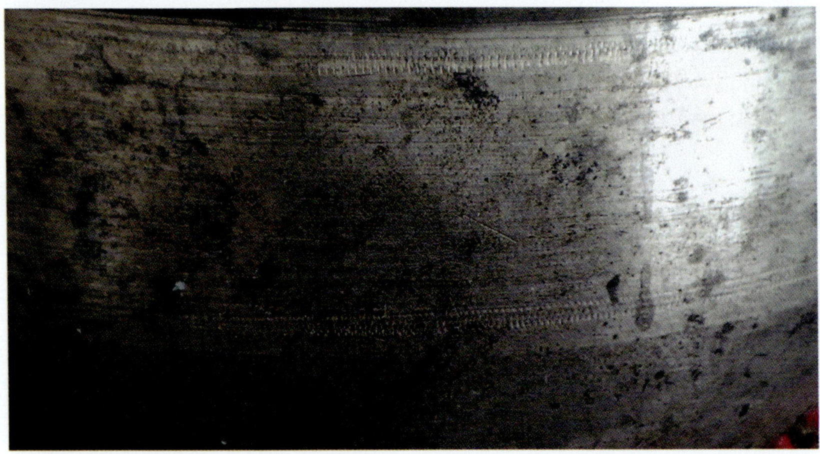

Alte Klangschale mit feinen Rillen an der Wand

Neben dünnen und leichten Klangschalen gibt es allerdings auch dicke und schwere Varianten, die ebenfalls alt sein können. Auch gibt es Mischformen, wie beispielsweise flache Manipuri-Schalen mit Lingam und noch viele weitere.

Die Vielfalt der Klangschalenformen und -stile macht es schwierig, ein einheitliches Kriterium für das Alter zu finden.

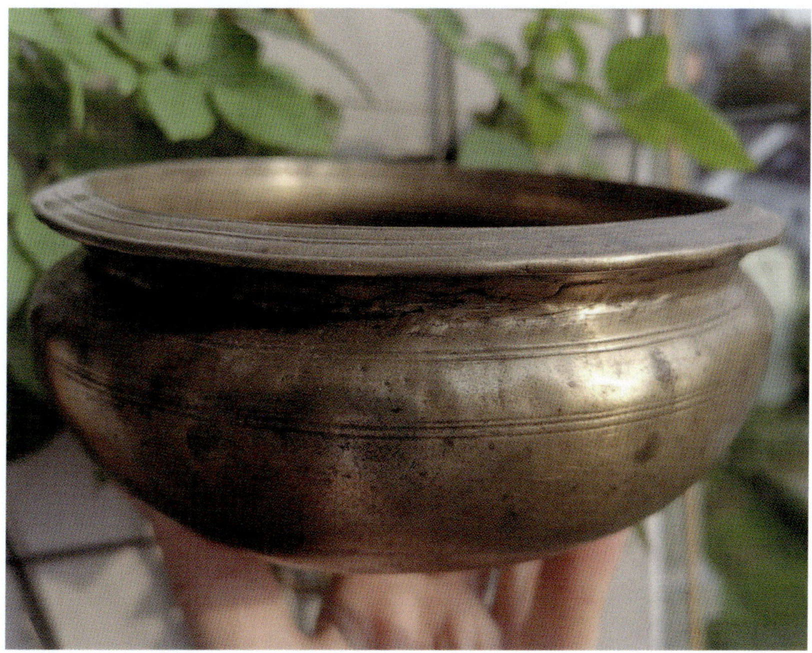

Außergewöhnliche Form einer Klangschale

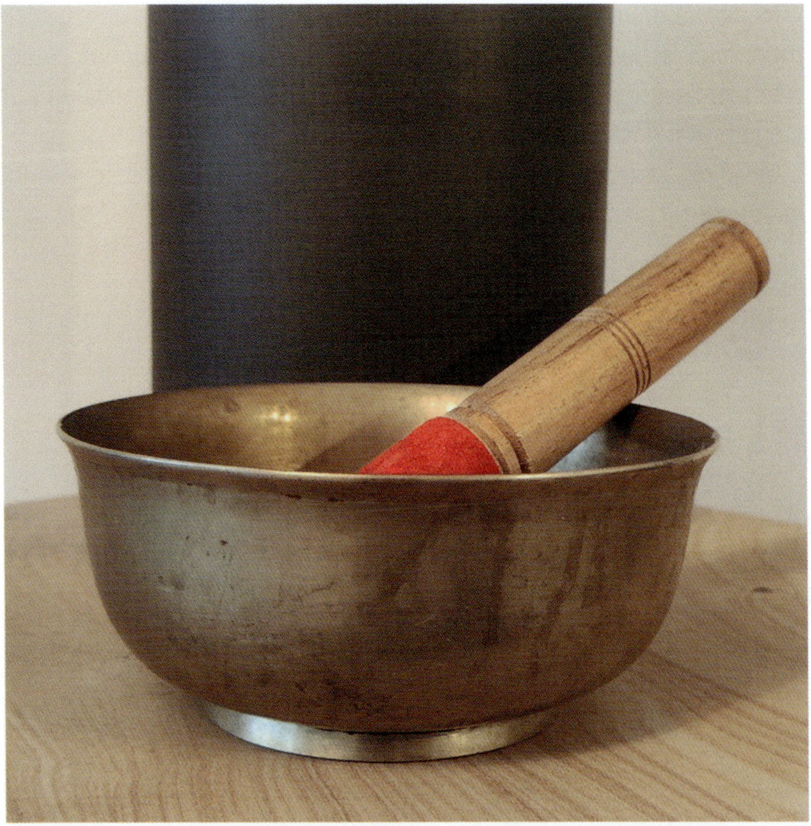

Eine Naga-Klangschale mit einer ausladenden Lippe…

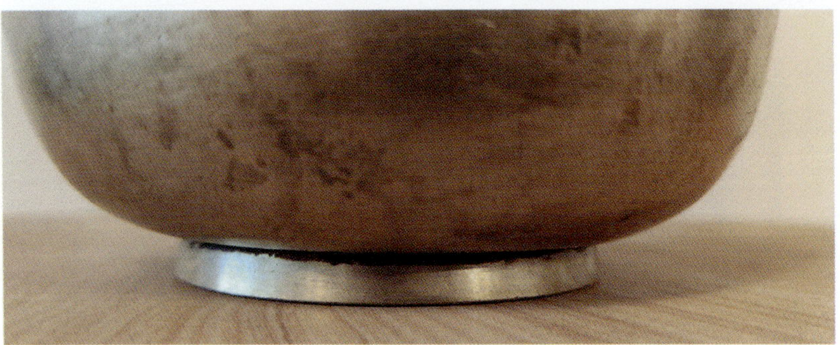

… einem fest angebrachten Sockel…

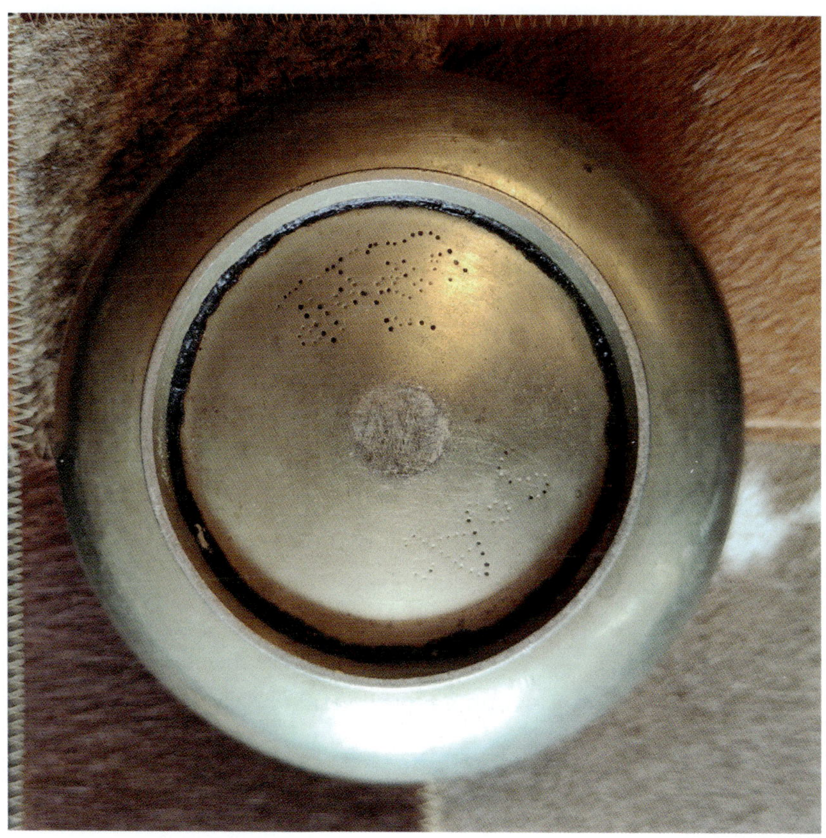

... und besonderen Verzierungen am Boden

Im Allgemeinen ist es eine Herausforderung, eine echte alte Klangschale von einer nachgemachten zu unterscheiden. Die Welt der alten Klangschalen ist vielfältig und faszinierend, und jede Schale hat ihre eigene Geschichte zu erzählen.

Neben den genannten Merkmalen sollte man sich auf sein Bauchgefühl verlassen und, wenn möglich, fachkundige Beratung in Anspruch nehmen.

Persönliche Auswahl einer Klangschale

Der Kauf einer Klangschale ist ein sehr persönlicher Prozess und sollte wahrlich nicht überstürzt werden. Damit meine ich, dass man sich keine Klangschale kaufen sollte, ohne sie vorher angehört zu haben. Ich würde empfehlen, dies in einem Laden, auf einem Markt oder direkt bei der Manufaktur zu tun, wo man die Klangschale ausgiebig in der eigenen Hand ausprobieren und prüfen kann. Sie online zukaufen ist ebenfalls legitim, wenn denn dazugehörige Klangproben und Beschreibungen vorliegen. Im besten Fall bekommt man Informationen, wie in welcher Frequenz die Schale im Grundton erklingt.

Alternativ kauft man seine Klangschale rein intuitiv und hofft, dass sie wirklich zu einem passt.

Ein wichtiges Kriterium ist für viele natürlich auch der Preis. Dieser ist abhängig von unterschiedlichen Faktoren:

- Art der Arbeit
- Gewicht
- Besonderheiten und Verzierungen
- Alter

Maschinell hergestellte Klangschalen sind die günstigsten (ab ca. 20 Euro), aber klanglich überhaupt nicht mit einer handgefertigten zu vergleichen. Sie haben in der Regel einen hohen und monotonen Klang, während handgefertigte eine Vielzahl an Klängen aufweisen, von hoch bis tief und manchmal sogar beides auf einmal, je nach Wahl des Schlägels.

Zudem bestimmt die Menge an Edelmetallen und Legierungsmetallen in einer Schale den Preis.

Außerdem werden so gut wie alle Klangschalen nach dem Gewicht gehandelt. Das Gewicht ist ein Multiplikator, mit dem die ungefähre Arbeitsdauer, Intensität als auch das verwendete Material berechnet wird. Umso größer und schwerer Klangschalen werden, umso teurer sind sie.

Ein weiterer Punkt der Preisbildung ist die Verzierung der Klangschale oder andere Besonderheiten. Besonders gutklingende Klangschalen werden mit Gravuren und Ätzungen verziert. Diese Verzierungen umfassen Mantras, Götterabbildungen und besondere Symbole des Buddhismus und Hinduismus.

Achtung: Bemalte Klangschalen sind tendenziell maschinell hergestellte Klangschalen.

Andere Besonderheiten, die sich im Preis bemerkbar machen, sind unter anderem außergewöhnliche Bauformen, Materialien oder auch das Alter einer Klangschale.

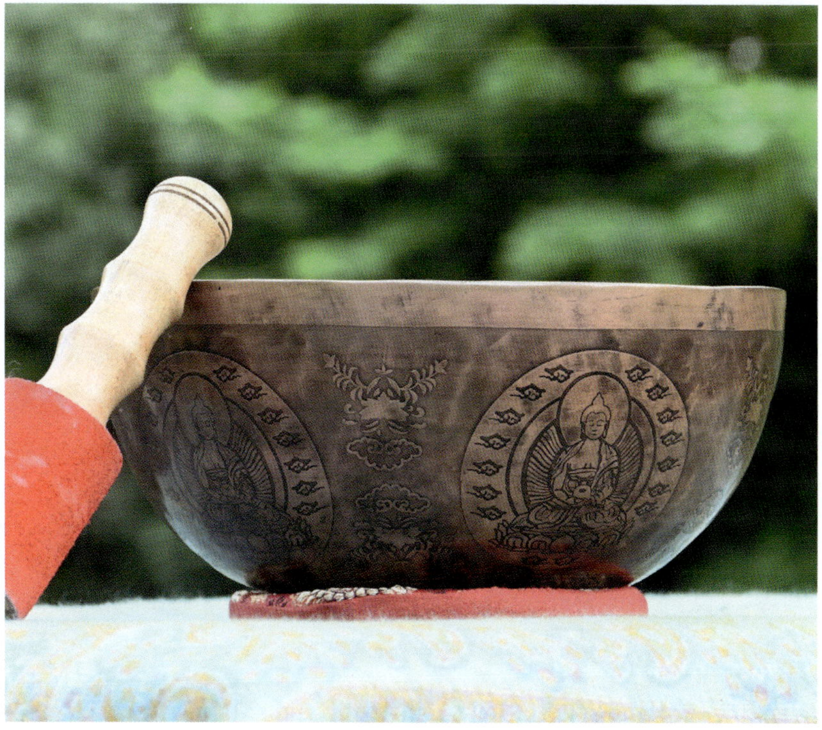

Nepalesische Klangschale mit geätzter Verzierung, die man mit den Fingern spüren kann

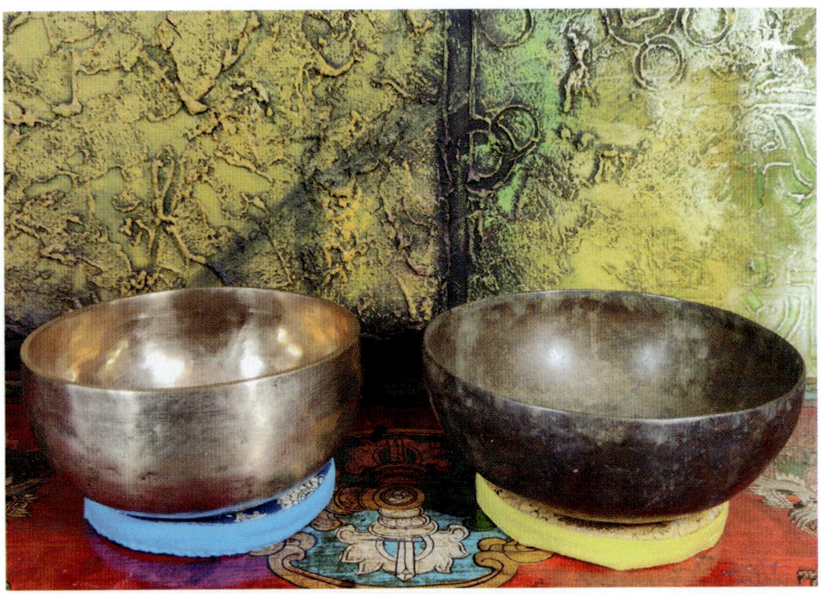

Neue Klangschale vs. alte Klangschale (Tibetqualität)

Wie bereits erwähnt, sind Klangschalen aus den Jahren vor 1950 sehr selten und mittlerweile kaum noch erhältlich. Etwas jüngere Klangschalen ab dem Jahr 1950 sind eher zu finden, aber dennoch noch eine Rarität.

Beim Ausprobieren der Klangschalen merkt man, dass jede Klangschale einen speziellen Klang hat. Hierbei spielen vier wichtige Faktoren eine Rolle für die Kaufentscheidung:

- der Grundton
- der Oberton
- die Klangdauer
- das Klangvolumen
- die Vibrationen

Wichtiger als der Preis sollte es daher sein, eine Klangschale auszusuchen, bei der die fünf Faktoren für einen selbst stimmig sind.

Kleinere Klangschalen mit unter 12 cm haben ein sehr gebündeltes Klangspektrum. Dieses ist eher hell und kurzlebig gepaart mit schwachen Vibrationen. Klangschalen ab 13 bis 17 cm verfügen bereits über ein vielschichtiges Klangspiel, welches bis zu einer Minute nachklingt. Man kann den Grundton der Schale spielen aber auch leicht den Oberton darüber. Hier sind die Vibrationen bereits ziemlich gut spürbar. Klangschalen ab 18 cm weisen einen tieferen Grundton mit einer Vielfalt an Obertönen auf (wenn man das denn möchte; ausführlichere Informationen hierzu findest du im Kapitel »Anschlagen und Anreiben«). Der Klang kann über eine Minute lang schwingen und die Vibrationen sind sehr stark.

Es gilt Folgendes:

- Umso mehr Gewicht eine Schale aufweist, umso länger hält ihr Klang an.
- Umso stärker man anschlägt, umso intensiver sind ihr Ton und die Vibrationen.
- Umso dünner die Wand der Schale, umso tiefer ist ihr Ton.
- Umso dünner die Wand der Schale, umso leichter lässt sie sich anreiben und umso stärker sind ihre Vibrationen
- Umso gleichmäßiger die Schalenwand, umso monotoner bzw. ausgewogener ist ihr Klang.

Die eigentliche Frage steht allerdings immer noch im Raum. Welche Klangschale ist denn nun die Richtige für einen selbst?

»Nicht du suchst dir die Klangschale aus, sondern die Klangschale sucht dich aus.«

Aus persönlicher Erfahrung kann ich sagen, dass in diesem Satz sehr viel Wahrheit steckt. Meine Kunden erzählen mir, was sie suchen. Einmal wünschte sich eine Kundin mehr Erdung bei ihrer Meditation und suchte deshalb eine Klangschale, die sie bei der Meditation unterstützend begleitet.

Gemäß der Chakrenlehre bedeutet das, dass jemand eine Klangschale mit einem Ton C sucht. Bevor ich nun der Kundin eine Klangschale mit einem Ton C in die Hand reichte, ließ ich sie erst mal selbst aus meinen Schränken auswählen und -probieren. Wenn vor einem eine große Auswahl an Klangschalen steht, ist das auf der einen Seite zwar sehr beeindruckend, aber gleichzeitig auch einschüchternd. Wofür soll man sich entscheiden? Keine Sorge, diese Frage löst sich üblicherweise von alleine.

Das Ergebnis im geschilderten Fall beispielsweise war, dass die Kundin keine (große) Klangschale mit einem erdigen tiefen Ton C für ihre Meditation auswählte, sondern eine mit dem Ton A, der das Dritte Auge bzw. das Stirnchakra anspricht. Und hier war auch die Lösung für ihre Probleme bei der Meditation zu finden. Sie hatte eigentlich kein Problem mit der Erdung und Meditation an sich, sondern litt unter einer Konzentrationsstörung. Dieses Problem konnte mit der richtigen Klangschale gelöst werden.

Ein anderes Mal war ein Kunde bei mir, der sagte, dass er eine Klangschale für das Herzchakra sucht, und auch er durfte frei in meinen Regalen ausprobieren. Nachdem er acht Klangschalen vor sich hingestellt hatte, reduzierte er die Anzahl schnell auf drei.

Eine Klanganalyse ergab, dass alle drei dieser Klangschalen in verschiedenen Oktaven oder Frequenzbereichen im Ton F schwingen, der dem Herzchakra- zugeordnet ist. Das konnte der Kunde natürlich nicht wissen, und doch hatte er intuitiv richtig gewählt.

Ähnliche Geschichten habe ich immer und immer wieder erlebt und bin begeistert über die Feinfühligkeit der Menschen.

Um diese Feinfühligkeit besser verstehen zu können, beschäftigen wir uns im folgenden Kapitel mit dem Chakren-System. Was sind Chakren? Woher stammen sie? Wie spüre ich, ob meine Chakren im Gleichgewicht sind, und wie kann ich diese Energie in meinen Alltag einbinden?

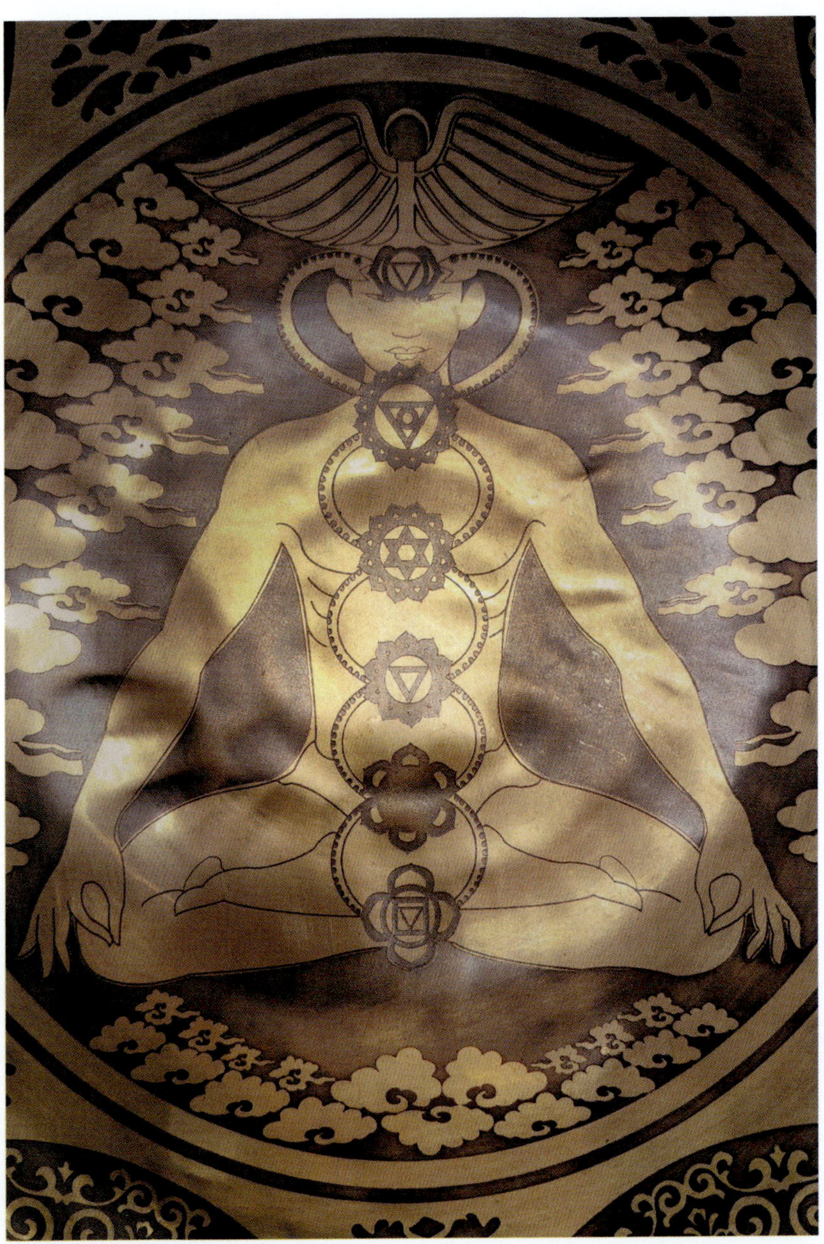

Die sieben Energiezentren im Körper

Das Chakren-System

Energiezentren

Ein Chakra (Sanskrit für »Rad«) ist ein vitales Energiezentrum und stellt eine Verbindung zwischen dem physischen Körper und dem feinstofflichen Energiefeld her.

Diese Energiezentren sind zentraler Bestandteil vieler spiritueller Traditionen und Glaubenssysteme, darunter das hinduistische und buddhistische Weltbild. Erste Erwähnungen des Chakren-Systems gehen auf die Veden zurück, die alten heiligen Texte des spirituellen Wissens, welche aus der Zeit zwischen 1200 und 900 v. Chr. stammen.

Im tantrischen Hinduismus, buddhistischen Vajrayana oder Yoga wird der Körper in sieben unterschiedliche Energiezentren unterteilt, welche sich entlang der Wirbelsäule bzw. der senkrechten Körperachse befinden.

Sie befinden sich an ganz bestimmten Stellen im Körper, die durch Überlagerung von energetischen Schwingungen im Körper definiert werden. Die Chakren sind jedoch nicht physisch vorhanden. Sie sind vielmehr Aspekte des Bewusstseins.

Wenn sich Spannungen und Stress im Bewusstsein bemerkbar machen, spiegeln sich diese Auswirkungen in den entsprechenden Chakren und den damit verbundenen Bereichen des physischen Körpers wider. Der Ort und die Art der wahrgenommenen Anspannung können variieren, abhängig von den Ursachen des Stressauslösers.

Dies könnten beispielsweise Beziehungsprobleme oder eine verschmähte Liebe sein, die dann insbesondere im Herzen spürbar ist. Wir weinen zwar mit unseren Augen, jedoch ist es das Herz, das sich schwer und gebrochen anfühlt. Ein anderes Beispiel ist die Aufregung vor einer großen Entscheidung, wie der Kauf eines Hauses oder das Ja-Wort vor dem Altar. Im Kopf schwirren Gedanken, jedoch spüren wie die Aufregung insbesondere in unserem Bauch, der sich mulmig anfühlt, oder in den Beinen, die zittrig werden.

Die Chakren sind allesamt durch den Sushumna-Nadi-Kanal miteinander verbunden und können mit den benachbarten Chakren Energie empfangen und/oder austauschen.

In diesem Kanal bewegt sich auch die Kundalini-Kraft, die aus dem untersten Kanal, dem Wurzel- bzw. Muladhara-Chakra, hinaufsteigt. Die Kundalini-Kraft ist die ursprüngliche, erleuchtende Kraft. Sie erweckt alle Chakren und das oft zur gleichen Zeit. Kundalini wird durch eine Schlange symbolisiert, die sich entlang der Wirbelsäule hoch schlängelt.

Wie ist die Funktionsweise der Chakren?

Wenn die Energien der Chakren fließen, dann »dreht« sich das Rad; wenn es Blockaden gibt, dann steht das Rad »still«. Auch die Drehrichtung der Chakren ist von wesentlicher Bedeutung. Ein Drehen nach links bedeutetet, dass es eine Energieabladung (Minuspol) gibt, und ein Drehen nach rechts, dass eine Aufladung (Pluspol) geschieht. Die Bewegung des Rades ist kein Indiz dafür, dass etwas falsch ist, sondern das Gegenteil ist der Fall – die Energie fließt und dreht das Rad.

Das Abladen und Aufladen von Energie ist von großer Bedeutung. Es kann zum Beispiel sein, dass ein Chakra überladen ist, weshalb es wichtig ist, dass die überflüssige Energie wieder abgeführt wird. Das Ziel muss sein, dieses Ungleichgewicht in Gleichgewicht zu bringen.

Gezielt angewandte Meditation aktiviert und entwickelt die Chakren. Wenn das Chakren-System im Gleichgewicht ist, empfinden wir unser Leben als harmonischer und gesundheitliche Probleme treten in den Hintergrund. Ist jedoch ein Chakra blockiert, so resultiert dies oft in emotionalen und gesundheitlichen Herausforderungen. Das menschliche Energiefeld entfaltet eine beeindruckende Wirkung so-

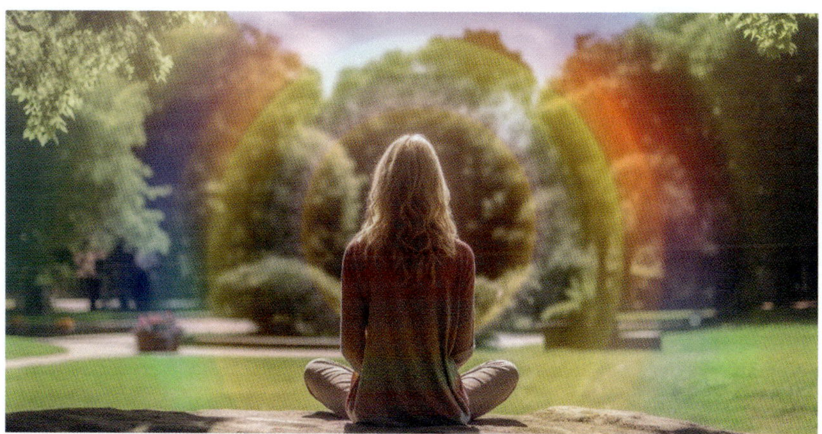

Die Aura ist etwas, was man nicht sehen, aber durchaus spüren kann.

wohl innerhalb als auch außerhalb des Körpers. Wenn die Energie ungehindert fließt, entsteht eine vitale Verbindung zwischen dem Energiefeld und insbesondere den Organen sowie dem Gewebe des physischen Körpers.

Dieses bewusste Empfinden erstreckt sich nicht nur auf die eigene Wahrnehmung, sondern wird auch von der Außenwelt wahrgenommen – man strahlt regelrecht.

Diese strahlende Energie umgibt uns in Form einer Aura, die das Ergebnis eines besonderen Energiefeldes ist und den physischen Körper teilweise sogar mehrere Meter in alle Richtungen umgibt.

Die sieben Chakren

Die Chakren werden mithilfe einer Blätteranzahl und Farbvarianten voneinander unterschieden.

Diese können sich jedoch je nach Auslegung und Lehre unterscheiden. Die gängigste Auffassung ist jedoch die der sieben Hauptchakren. Diese sind von unten nach oben:

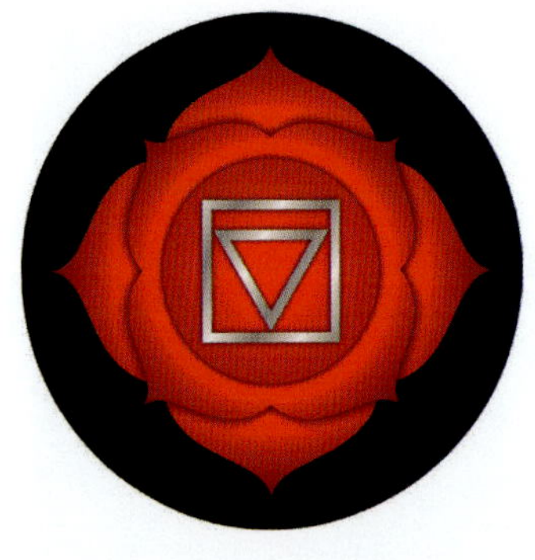

Das Wurzelchakra

Das Wurzelchakra oder auch Muladhara, Sanskrit für »Wurzel der Existenz«, gilt als das Basis-Chakra. Weitere Übersetzungen des Muladharas sind »Wurzel-Fluss« oder auch »Wurzel-Stütze«. Es ist somit die Wurzel unseres Seins, die uns im Leben stützt.

Dieses Chakra wird symbolisch als vierblättriger Lotus dargestellt und mit der Farbe Rot, Erdbraun und in seltenen Fällen auch Rosa assoziiert. Es befindet sich an der tiefsten Stelle des Beckenbodens, in der Nähe des Damms.

Es ist mit folgenden Organen und Drüsen verbunden: After, Dickdarm, Enddarm und Nebennieren (Hormone: Kortison, Adrenalin, Noradrenalin). Krankheiten, Schmerzen und Hormonmangel in diesen Bereichen können auf ein unterentwickeltes Wurzelchakra hinweisen.

Das Wurzelchakra steht für unsere Verbindung zur physischen Welt, zur Erde. Es verbindet uns vor allem durch unsere Füße und Beine, deshalb wird es auch Erdungs-Chakra genannt. Es ist sozusagen das Fundament für unsere Gesundheit, Stabilität im Leben und finanzielle Sicherheit.

Die Farbe Rot des Wurzelchakras symbolisiert die Energie der Erde, des Feuers und der fließenden Lava. Im Hinduismus denkt man, dass es der Ort ist, wo die Energie der Göttin Kundalini wohnt. Dies beeinflusst die Idee von Kundalini-Yoga, eine Praxis, die versucht, diese erwachte Energie zu aktivieren und nach oben steigen zu lassen.

Außerdem prägt das Wurzelchakra unser Verständnis vom »Sein« und hilft, unsere Persönlichkeit aufzubauen. Menschen mit einem starken Wurzelchakra haben ein stabiles Leben und ein gutes Verhältnis zu materiellen Dingen wie Besitz, Geld und Wohlstand. Sie haben auch einen guten Bezug zur Realität, was ihnen erlaubt, ein erfülltes Leben zu führen.

Ein blockiertes Wurzelchakra kann negative Effekte auf den Körper haben. Ängste und Unsicherheit können zu Krankheit und Frustration führen, die dann in Wut umschlagen können. Wenn das Wurzelchakra jedoch gut entwickelt ist, fühlt man sich sicher und geerdet. Man lebt in Harmonie und kann seine Wünsche verwirklichen.

Ein überladenes Wurzelchakra äußert sich unter anderem durch:

- übermäßige Kontrolle,
- Selbstzweifel,
- Geiz,
- Depressionen,
- ein Leben in der Vergangenheit
- und das Verweigern loszulassen.

Ein entladenes Wurzelchakra zeigt sich unter anderem durch:

- Angst,
- das Gefühl, getrennt vom Körper zu sein,
- Unruhe,
- Nervosität
- und das Gefühl, wertlos zu sein.

Um das Wurzelchakra zu öffnen, zu aktivieren und zu heilen, ist es zunächst wichtig, sich mit den eigenen Ängsten auseinanderzusetzen. Die Bearbeitung von bewusst erlebten Traumata oder karmischem Ballast steht dabei im Fokus. Es gilt, die körperlichen Bedürfnisse zu erkennen, zu spüren und eine neue Verbindung dazu herzustellen. Hilfreich können Meditationen auf das Element Erde und die Anwendung ihrer Frequenzen sein. Alles, was sich in der Natur abspielt, verstärkt die Verbindung zum Wurzelchakra.

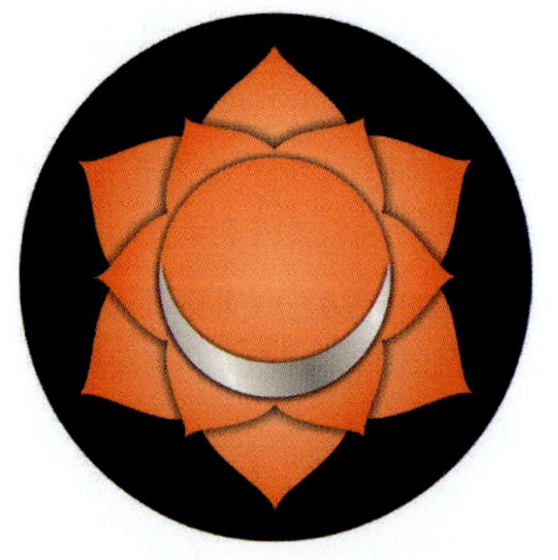

Das Sakralchakra

Das Sakralchakra oder auch Svadhisthana ist das zweite Chakra im System. Es wird durch den sechsblättrigen Lotus dargestellt und mit der Farbe Orange assoziiert. Das Sakralchakra befindet sich etwa 20 cm oberhalb des Wurzelchakras.

Das Chakra ist mit folgenden Organen und Drüsen verbunden: Fortpflanzungs- und Sexualorgane, Östrogen, Testosteron, Progesteron, Nieren, Blase, Harnleiter, Nebenhoden, Samenleiter und Körperflüssigkeiten.

Das Sakralchakra gilt als Zentrum für sexuelle Energie, Kreativität und pure Emotionen.

Hier verbindet sich der männliche sexuelle Trieb mit der sexuellen Reaktion des weiblichen Geschlechts. Es repräsentiert jedoch nicht nur sexuelle Thematiken, sondern befasst sich mit unserem inneren heiligen Tempel. Es ist die Geburtsstätte, für alle unsere Wünsche und Träume, die wir realisieren möchten.

Gefühle und Emotionen innerhalb von Beziehungen zwischen Liebenden und Freunden werden durch das Sakralchakra kontrolliert. Es ist die Basis für gemeinsame Ansichten, Anziehung und Liebe. Das Geben und Nehmen von Gefühlen und Emotionen wird in diesem Chakra verarbeitet.

Wenn das Sakralchakra ausgeglichen ist, gibt es uns ein Gefühl von innerer Sicherheit. Es lässt uns sicherer auftreten und hilft uns, in Kontakt mit anderen Menschen zu treten. Es ist eine Quelle für Kreativität, Schöpfungssinn und Realisierungskraft.

Eine Blockade des Sakralchakras führt zu Unsicherheit, Umsetzungsschwäche sowie Minderwertigkeitskomplexen. Die Blockade geht mit dem Gefühl einher, nicht geliebt zu werden oder etwas wert zu sein. Dies hat wiederum Auswirkungen auf die Libido und könnte zu sexuellen Problemen führen. Verlust der Lebensfreude, chronische Müdigkeit und Lustlosigkeit sind weitere Aspekte eines schwachen Sakralchakras.

Ein überladenes Sakralchakra führt zu

- gesteigertem sexuellen Verhalten
  und häufigen Partnerwechseln,
- allen Arten von Süchten,
- Rastlosigkeit
- und hohem Konsum von Genussmitteln.

Ein entladenes Sakralchakra zeigt sich unter anderem durch

- fehlendes sexuelles Verlangen
  und Unfähigkeit, den eigenen Körper zu lieben,
- hormonelles Ungleichgewicht,
- geringes Selbstwertgefühl
- und langsames und zögerliches Handeln.

Um das Sakralchakra wieder in Bewegung zu setzen, ist es wichtig, sich selbst zu lieben und sich dem vibrierenden Fluss der Lebensenergie wieder hinzugeben. Man sollte ein neues Verhältnis zur Sinnlichkeit sowie Lebendigkeit entwickeln. Dies kann beispielsweise durch Tanz, sinnliche Erfahrungen, Kreativität, Geselligkeit und Sexualität geschehen. Ebenfalls wichtig ist die Auseinandersetzung mit Schuld, Scham, Verlegenheit und anderen Blockaden, die uns hindern, unsere menschlichen Bedürfnisse zu lieben.

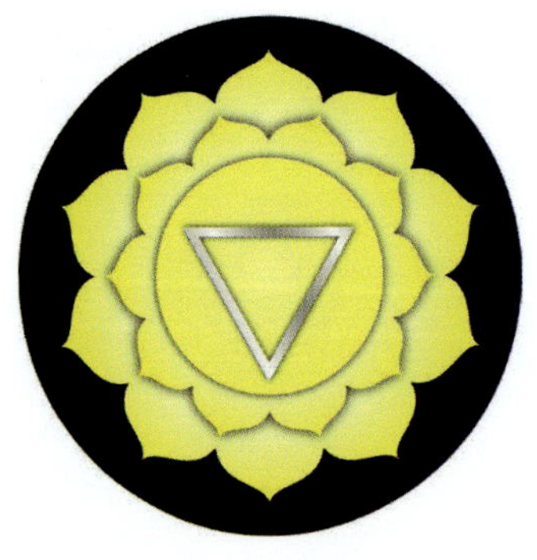

Das Solarplexus-Chakra

Das Solarplexus-Chakra, Nabelchakra oder auch Manipura ist das dritte Chakra im Bunde. Es wird durch den zehnblättrigen Lotus dargestellt und hat die Farbe Gelb. Es gilt als eines der wichtigsten Chakren im gesamten System. Es ist mit der Bauchspeicheldrüse, den Nebennieren und der Nebennierenrinde verbunden. Das Solarplexus-Chakra steht für Energie, Mut, Kraft und Stärke und liegt etwa 20 cm über dem Sakralchakra.

Das Solarplexus-Chakra strahlt unsere persönliche Kraft und Stärke aus. Es fungiert als Gradmesser für unsere Fähigkeit zur Entwicklung und Interaktion mit anderen Menschen. Dieses Chakra beeinflusst unsere Selbstachtung, Selbstwahrnehmung und unser Selbstvertrauen, was sich direkt auf unsere zwischenmenschlichen Beziehungen und Interaktionen auswirkt. Ein ausbalanciertes Solarplexus-Chakra ermöglicht es uns, auf authentische Weise in Beziehungen einzugehen und uns selbstbewusst in unserer Umgebung zu entfalten.

Es ist mit folgenden Organen und Drüsen verbunden: Darm, Leber, Bauchspeicheldrüse (Insulin, Enzyme), Gallenblase und Magen.

In der westlichen Welt wird das Solarplexus-Chakra oftmals als »Bauchgefühl« bezeichnet. Der Kontakt mit schwierigen Situationen bei der Arbeit, Freizeit oder mit Mitmenschen führt zu einem Unwohlsein und im schlimmsten Fall zu schweren Krankheiten, weil wir diese Situationen nicht »verdauen« konnten.

Impulse wie Sehnsüchte und Wünsche, die von oben, also vom Bewusstsein, gelenkt werden, formen unsere Persönlichkeit. Hier haben »Fühlen« und das »Sein« ihren Ursprung. Das Solarplexus-Chakra fungiert als Schmelztiegel für spirituelle und weltliche Aspekte. Hier liegen unsere Bedürfnisse verborgen sowie Motivationen, persönliche

Ideen in die Welt zu bringen und umzusetzen, während wir gleichzeitig Herausforderungen bewältigen und uns daran messen.

Ein Mensch, der ein gesundes und gut ausbalanciertes Solarplexus-System hat, ist geprägt von tiefer Selbstsicherheit. Selbst schwierige Situationen bringen ihn nicht aus der Ruhe. Selbstbewusst meistert er jede Handlung und wirkt stets konzentriert, ruhig und besonnen.

Ein überladenes Solarplexus-Chakra führt zu

- Machthunger und Selbstüberschätzung,
- Übermut und Dominanz,
- ruhelosem Zustand
- und Gefühlskälte.

Ein entladenes Solarplexus-Chakra zeigt sich unter anderem durch

- ein geringes Selbstgefühl,
- die Neigung, Angefangenes nicht zu Ende bringen,
- geringe Tatkraft, Motivation und Passivität
- und geringe Disziplin sowie Umsetzungskraft.

Um das Solarplexus-Chakra wieder in Bewegung zu setzen, sollte man aufgestaute Emotionen zulassen und verarbeiten. Ebenso gilt es, sich Herausforderungen zu stellen sowie Risiken einzugehen.

Die Meditation auf das Solarplexus-Chakra kann helfen, Selbstzweifel zu lindern und das Selbstvertrauen zu stärken.

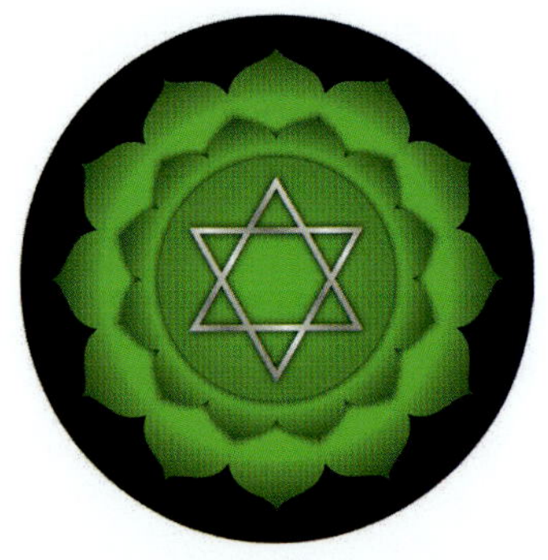

Das Herzchakra

Das Herzchakra, oder auch Anahata genannt, lässt sich leicht durch seine grüne zwölfblättrige Lotusblüte identifizieren. Es steht für Frieden, Akzeptanz, Verständnis und Barmherzigkeit. Das Herzchakra befindet sich direkt über dem Herzbereich in der Mitte des Brustkorbs und entlang des Brustbeins.

Dieses Chakra ist mit folgenden Organen und Drüsen verbunden: Herz, Lunge, Haut und Thymusdrüse (Immunsystem).

Es ist das Zentrum des Chakren-Systems und verbindet uns mit der Außenwelt durch Liebe. Aber auch die Eigenliebe steht hier im Fokus. Denn Liebe nach außen tragen kann nur jemand, der auch die Liebe nach innen trägt. Diese Liebe kann mit seinen Mitmenschen und der Umwelt geteilt werden.

Wenn das Herzchakra erfüllt ist, ist eine Wärme im Körper zu spüren – die Energien fließen frei. Es ist uns möglich, für andere zu Sorgen, ohne dafür einen Gegenwert zu erwarten. Es ist Aufopferung und Hingabe gleichzeitig. Ein ausgeprägtes Herzchakra führt zu einem hohen Selbstwert. Man liebt sich und ist mit sich im Reinen. Man lässt sich von den Empfindungen und Gefühlen des Herzens führen. Menschen mit einem ausgeprägten offenen Herzchakra erkennt man sofort. Sie strahlen nur so vor Freude und nutzen jede Gelegenheit zum Lachen.

Eine Störung oder Blockade im Herzchakra führt dazu, dass wir uns minderwertig, nicht geliebt oder nicht gebraucht fühlen. Ein Gefühl von Enge, Druck und Schmerz macht sich im Brustkorb breit. Gerade die Ablehnung und Zurückweisung von Liebe wird hier oft als »gebrochenes Herz« empfunden und hat tatsächlich körperliche Auswirkungen.

Erfahrungen wie diese sind schwer wieder loszuwerden. Sie prägen einen im fortlaufenden Leben wie ein Trauma, was dazu führt, dass man eine Art Schutz aufbaut. Man lässt nur wenig Nähe zu oder gibt ungern Gefühle preis; diese könnten wieder ausgenutzt oder verletzt werden.

Aber auch Neid, Groll und Hass sind Quellen für Blockaden im Herzchakra. Ebenfalls können Handlungen, die wir in unserem Leben absichtlich oder unabsichtlich begangen haben, die Verbindung zu unserem Herzchakra trennen. Das passiert etwa, wenn wir uns hierfür nicht selbst vergeben können, obwohl andere es schon längst getan haben.

Ein überladenes Herzchakra führt zu

- Anhänglichkeit,
- emotionaler Überempfindlichkeit,
- Abhängigkeit und großem Bedürfnis nach Nähe
- und mangelnder Abgrenzung.

Ein entladenes Herzchakra zeigt sich unter anderem durch

- Mangel an Selbstliebe,
- Verschlossenheit, Gefühlskälte und Unsensibilität,
- Pessimismus und Depressionen
- wie auch Angst vor Verletzlichkeit.

Das Ungleichgewicht des Herzchakras kann zu stark ausgeprägten Formen führen – von narzisstischer Selbstliebe und Egomanie bis hin zu selbsthassender Suizidgefährdung. Beide Extreme können leicht zu Einsamkeit führen und den Betroffenen immer tiefer in einen Strudel reißen.

Auf körperliche Art zeigen sich Blockaden im Herzen durch Herzerkrankungen wie starken pochenden Schmerzen in der Herzgegend oder Herzrhythmusstörungen sowie Erkrankungen des Lungensystems.

Die beste Medizin, um die Blockade im Herzchakra zu lösen, ist es, sich mit sich selbst zu befassen und an der Eigenliebe zu arbeiten. Die Eigenliebe ist die Basis für die Liebe, die man seinem Partner, den Kindern oder auch Freunden übergibt. Wer sich selbst nicht respektiert und liebt, der hat Schwierigkeiten, diese Art von Beziehungen mit anderen Menschen einzugehen. Es ist für viele Menschen schwer, diese Liebe (wieder)herzustellen, da sie ihren Wert von außen beziehen, anstatt diesen in sich zu suchen.

In der Chakrenlehre nimmt das Herzchakra eine besondere Stellung ein. Es wird oft als das zentrale Chakra betrachtet, das eine Brücke zwischen den unteren »erdgebundenen« Chakren und den oberen »spirituellen« Chakren schlägt. Dies verleiht dem Herzchakra eine einzigartige Bedeutung in der Harmonisierung der Energien entlang der Chakren-Reihe.

Es übernimmt jedoch nicht nur die Rolle eines Vermittlers zwischen den benachbarten Chakren ein. Gleichzeitig steht es auch in enger Verbindung mit allen anderen Chakren, was es zu einem wahren Knotenpunkt energetischer Ausgewogenheit macht. Es verbindet die physische Ebene mit der spirituellen Sphäre und fördert somit eine harmonische Verbindung zwischen Körper, Geist und Seele.

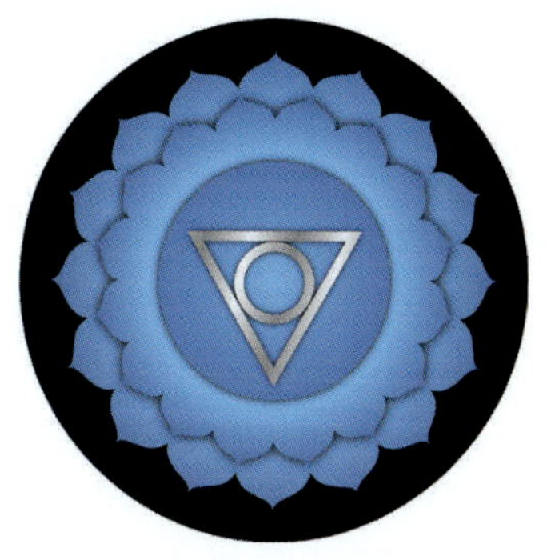

Das Kehlkopfchakra

Das Kehlkopfchakra, auch Halschakra oder Vishuddah genannt, wird durch die sechszehnblättrige Lotusblüte dargestellt und steht für klare Kommunikation, Kreativität und Resonanz. Ihm wird die Farbe Hellblau bzw. Türkis zugeordnet.

Das Chakra ist mit folgenden Organen und Drüsen verbunden: Bronchien, Stimmbänder, Atmungsapparat, alle Teile des Mundes (Zunge und Speiseröhre inbegriffen), Schilddrüse und Nebenschilddrüse (Thyroxin).

Im Kehlkopfchakra werden Gefühle und Emotionen in Ausdrücke wie Lachen oder Weinen umgewandelt. Es kommuniziert Gedanken und Bedürfnisse mit der Außenwelt durch Sprache und ist somit auch das Zentrum für den Selbstausdruck. In diesem Sprachsystem können Blockaden auftreten, wenn man seine Gedanken in Worte fassen möchte und sich unsicher ist, wie die Umwelt dies aufnimmt.

Eine Blockade im Vishuddah führt dazu, dass man sprachlich gehemmt durchs Leben geht, da man seine Gedanken und Gefühle nicht frei kommunizieren kann.

Ein überladenes Kehlkopfchakra kommt zumeist daher mit

- zu lautem Sprechen und übertriebenem Mitteilungsbedürfnis,
- dem ständigen Unterbrechen anderer,
- Egozentrik,
- Lügen und der Diffamierung anderer
- und Sprachstörungen.

Ein entladenes Kehlkopfchakra zeigt sich unter anderem durch

- leises und undeutliches Sprechen,
- Schüchternheit, mangelnde sprachliche Ausdrucksfähigkeit und einen kleinen Sprachschatz
- und einem Mangel an Selbstbewusstsein.

Das Befreien dieser Blockade führt dazu, dass die Sprachgewandtheit zunimmt und man sich schnell auf die jeweilige vorherrschende Situation einstellen kann. Es gelingt daraufhin, zum Beispiel im Privatleben den eigenen Gefühlen in der Beziehung Ausdruck zu verleihen oder im Berufsleben seine Gedanken bezüglich Arbeitspensum, Gehaltswünschen oder Prozessoptimierungen gegenüber dem Vorgesetzten bzw. Kollegen zu kommunizieren. Dies führt schließlich zu mehr Selbstvertrauen und lässt einen kreativer sowie effektiver werden.

Eine gute Übung, um Blockaden im Kehlkopfchakra zu lösen, ist beispielsweise das Singen des Wortes »Om« (oder »Aum«). Durch das »Om« wird der Urklang ausgedrückt, aus dem das Universum nach hinduistischem Glauben entstanden ist.

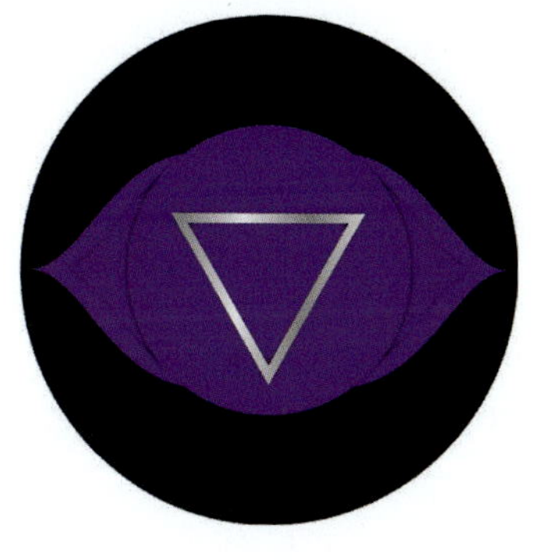

Das Stirnchakra

Das Stirnchakra, auch Drittes Auge oder Ajna genannt, ist das sechste Chakra in der Reihenfolge und wird durch ein zweiblättriges lilafarbenes Lotusblatt dargestellt.

Das Chakra ist mit folgenden Organen und Drüsen verbunden: Gesicht, Nase, Augen, Ohren, Zirbeldrüse und Hypothalamus.

Das Stirnchakra wird mit der Zirbeldrüse in Verbindung gesetzt, die das Hormon Melatonin produziert. Dieses Hormon ist wichtig für einen gesunden Schlaf- und Tagesrhythmus. Aufgrund der Lichtempfindlichkeit der Zirbeldrüse wird diese als das Dritte Auge bezeichnet. Das Stirnchakra steht für Vorstellungskraft, Intuition und psychische Wahrnehmung von Energien. Es verbindet sich dabei mit dem Teil der Schöpfung, der jenseits der physischen Manifestation liegt.

Eine Blockade des Stirnchakras führt zu einer eingeschränkten Sichtweise der Dinge, wodurch einem das Gesamtbild verloren geht. Ein ausgeglichenes Stirnchakra ermöglicht es, Dinge klarer zu sehen und Zusammenhänge zu erkennen und zu verstehen. Die Schönheit der Welt wird einen wieder zugänglich.

Zudem kann sich eine Störung des Stirnchakras auf physiologischer Ebene durch Kopfschmerzen und Migräne manifestieren. Ebenso sind Augen- und Ohrenleiden, chronischer Schnupfen und Nasennebenhöhlenentzündungen sowie Erkrankungen des Nervensystems bzw. neurologische Störungen wie Epilepsie häufig Teil dieser Blockade.

Ein überladenes Stirnchakra führt zumeist zu

- Halluzinationen,
- Orientierungslosigkeit,
- intellektueller Arroganz und Besserwisserei,
- Kopflastigkeit und fehlender Intuition
- und sehr vernünftigen Handlungen gepaart mit langen Überlegungen für jeden Schritt.

Ein entladenes Stirnchakra zeigt sich unter anderem durch

- Konzentrations- und Lernschwäche,
- Unklarheit und Gedankennebel,
- einen geringen Intellekt,
- Unentschlossenheit
- und fehlender Kreativität und Vorstellungskraft.

Um das Stirnchakra zu öffnen und eine Verbindung zur Intuition und inneren Führung herzustellen, empfiehlt es sich, bewusst auf diese Aspekte zu fokussieren. Meditation erweist sich dabei als besonders wirksames Mittel. Dieser Prozess ermutigt dazu, unter die Oberfläche zu blicken und eine erweiterte Sicht der Dinge einzunehmen – vergleichbar mit einem Wechsel von einem engen Scheuklappenblick zu einem weiten Panoramablick.

Es geht darum, in sich zu horchen, energetische Qualitäten zu erspüren und freizusetzen. Um diese Öffnung zu unterstützen, können verschiedene Methoden angewandt werden. Die Kraft der Visualisierung ermöglicht es, innere Bilder zu erschaffen und sich in eine tiefere Bewusstseinsebene zu begeben. Ebenso können Traumreisen dabei helfen, das Unterbewusstsein zu erkunden und tiefe Erkenntnisse zu gewinnen. Kreative Tätigkeiten wie Malen und Zeichnen bieten eine weitere Möglichkeit, die Intuition zu stärken und die Verbindung zum Stirnchakra zu vertiefen.

Interessanterweise praktizieren tibetische Novizen und Mönche ähnliche Methoden, um ihre spirituelle Entwicklung zu fördern. Sie nutzen künstlerische Aktivitäten wie das Zeichnen von Thangkas und das Anfertigen von Sandmandalas. Thangkas sind in der tibetischen Kultur bedeutungsvolle Rollbilder, die komplexe spirituelle Szenen und Lehren darstellen. Sandmandalas hingegen sind kunstvoll gestaltete Bilder aus gefärbtem Sand, die in Zeremonien als temporäre Kunstwerke erschaffen und dann rituell zerstört werden, um die Vergänglichkeit des Lebens zu symbolisieren. Diese Praktiken verdeutlichen die tiefe Verbindung zwischen Kreativität, Spiritualität und der Entwicklung des Bewusstseins, die auch im Kontext der Öffnung des Stirnchakras von Bedeutung sind.

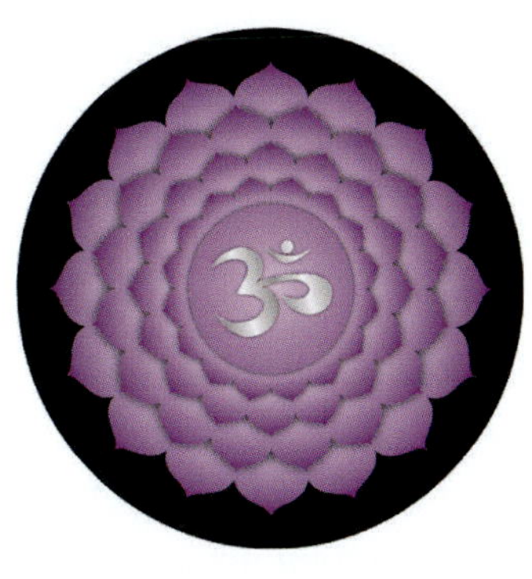

Das Kronenchakra

Das Kronenchakra, oder auch Sahasrara, steht für pures Sein und Bewusstsein und wird als tausendblättriger Lotus dargestellt. Es ist das siebte und oberste Chakra in der Reihe. Es befindet sich, wie der Name vermuten lässt, auf dem Scheitel des Kopfes. Ihm werden die Farben Lila und Weiß zugeordnet, jedoch beinhaltet es manchmal auch gleichzeitig alle weiteren Farben in seinem Erscheinungsbild.

Das Kronenchakra ist mit folgenden Organen und Drüsen verbunden: Schädel, Gehirn, Rückenmark und Hirn.

Es bildet die höchste Ebene unseres Chakren-Systems und ist von besonderer spiritueller Bedeutung. In diesem Chakra erfährt der Mensch eine tiefe Verbindung mit dem Universum, den subtilen kosmischen Energien sowie dem allumfassenden göttlichen Bewusstsein und seiner individuellen Bestimmung. Dieses energetische Zentrum symbolisiert die höchste Ebene der Erkenntnis und des Bewusstseins, in der wir Einsicht in die größeren Zusammenhänge des Lebens gewinnen und unser spirituelles Potenzial entfalten können.

Ein ausgeglichenes Kronenchakra führt zu Wissen und Weisheit jenseits der eigenen Vorstellungskraft. Es ist der Zugang zu etwas Größerem, dem Göttlichen. Man fühlt sich mit der gesamten Welt verbunden und erfährt gleichzeitig spirituelle Inspiration, was einem wiederum das eigene Leben besser bewusst macht.

Man fühlt sich in seinem Handeln und Wesen grenzenlos, unbeschränkt und doch alles umfassend im Einklang mit der Natur. Man versteht und begreift die Welt jenseits des Verstandes. Mitgefühl gepaart mit Toleranz gegenüber anderen Menschen führt zu innerem tiefem Frieden. Die Kausalität der aktuellen Lebensumstände wird nicht mehr infrage gestellt, sondern vielmehr im universellen Zusammenhang betrachtet. Das Schicksal und die Bestimmung bekommen neue Bedeutungen – das ist, was allgemein als »Erleuchtungszustand« bezeichnet wird.

Ein gesundes und ausgeglichenes Kronenchakra ist zudem für unseren Hormonhaushalt und das körperliche Gleichgewicht wesentlich. Es ist das Zentrum, das unsere spirituelle Verbundenheit mit dem Universum repräsentiert und unsere höchste Bewusstheit verkörpert.

Ein ausbalanciertes Kronenchakra kann dazu beitragen, ein Gefühl von Frieden, Gelassenheit und spiritueller Erfüllung zu schaffen. Es fördert ein tieferes Verständnis für das größere Ganze und kann den Zugang zu spiritueller Intuition und Erkenntnis erleichtern.

Ein blockiertes bzw. nicht entwickeltes Kronenchakra kann der Grund von unterschiedlichen Arten von physischen Problemen sein: Nervenleiden, Lähmungserscheinungen, Multiple Sklerose, Krebserkrankungen, Ein- und Durchschlafstörungen sowie generelle Immunschwäche.

Ein überladenes Kronenchakra führt zu

- überreiztem Nervensystem,
- Orientierungslosigkeit,
- Sucht nach psychedelischen Drogen
- und geistiger Verwirrtheit wie auch fanatischem Glauben (z. B. dem Anschließen von Sekten).

Ein entladenes Kronenchakra zeigt sich unter anderem durch

- ein Gefühl der Sinnlosigkeit und des Verlorenseins,
- Depression,
- Desinteresse und einen Tunnelblick auf die Dinge,
- chronische Krankheiten, Immunschwäche sowie Burn-Out-Syndrom
- und fehlendes Feingefühl gegenüber anderen, aber insbesondere sich selbst.

Die Heilung und Lösung von Blockaden des Kronenchakras kann durch Meditation, Entspannungsübungen und Gebete erfolgen. Es geht darum, die eigene Spiritualität zu entdecken und sich dem kosmischen Plan hinzugeben.

Im Kronenchakra vereint sich die aufgestiegene Kundalini-Energie, die zuvor ihren Weg durch alle vorherigen Chakren genommen hat, beginnend beim Wurzelchakra. Dieser Pfad der Energie durch die Chakren symbolisiert eine spirituelle Reise der Entwicklung und Transformation. Nachdem die Kundalini-Energie diesen erfolgreichen Weg zurückgelegt hat, kehrt sie wieder zum Wurzelchakra zurück und tritt in einen Zustand achtsamer Ruhe ein. Dieser Zyklus des Aufstiegs und der Rückkehr repräsentiert die Balance zwischen spirituellem Wachstum und innerer Ausgeglichenheit, die im Einklang mit den energetischen Zentren unseres Körpers steht.

Resümee

Die Gesamtheit einer Person, kombiniert mit allen Chakren des Körpers, bietet sich den göttlichen Kräften des Universums an. Das Individuum erlangt dadurch Wissen jenseits intellektueller Worte.

Der Öffnungs- oder Blockadezustand der jeweiligen Chakren weist auf den energetischen Zustand unseres gesamten Wesens hin. Ein harmonisch fließendes Chakren-System signalisiert ein Gleichgewicht zwischen Körper, Geist und Seele. Ist jedoch eines oder mehrere Chakren blockiert oder überaktiv, kann sich dies in verschiedenen Aspekten unseres Lebens manifestieren und zu physischen, emotionalen oder psychischen Beschwerden führen.

Die Chakren bilden ein komplexes Netzwerk, das auf vielfältige Weise miteinander verbunden ist. Die Balance und Harmonie zwischen ihnen sind von entscheidender Bedeutung für unser allgemeines Wohlbefinden. Daher ist es von großem Vorteil, sich bewusst mit den Chakren auseinanderzusetzen, um ihren Zustand zu erkennen und gegebenenfalls Schritte zur Harmonisierung zu unternehmen.

Mittels unterschiedlicher Yogaübungen und Massagebehandlungen lassen sich die Chakren von Blockaden befreien, sodass die Prana-Energie wieder fließen kann. Prana bedeutet Lebenskraft, Lebensatem und Lebensenergie. In den Veden wird Prana als der »Atem Gottes« bezeichnet. Sie ist die belebende Kraft, die alles durchdringt und gleichzeitig Ursprung aller Dinge ist. Kundalini, die Kraft, die aus dem Wurzelchakra entspringt, ist eine spezielle Form von Energie und die höchste Form der Prana.

Klangschalen und andere Klanginstrumente wie Gongs und Zimbeln können dabei eine wertvolle Unterstützung bieten, indem sie die Chakren durch ihre harmonisierenden Klänge und Schwingungen beeinflussen und zu einem tieferen Gleichgewicht auf allen Ebenen beitragen. Sie können unterstützend wirken, um die Prana-Energie freizusetzen oder Blockaden aufzuspüren und zu lösen.

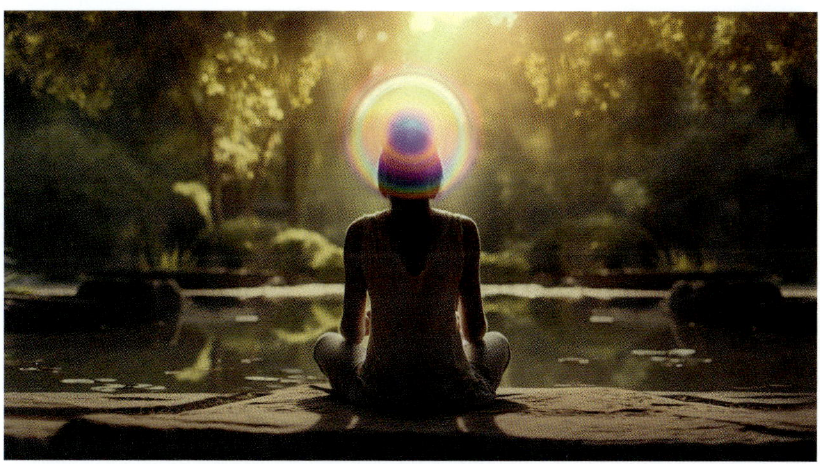

Erst wenn sich sämtliche Blockaden auflösen, kann der Mensch Erleuchtung erlangen.

Positive Wirkung und sich lösende Blockaden

Der Einsatz einer Klangschale hat vielfältige Wirkungen auf Körper und Geist, denn jeder Ton wirkt unterschiedlich auf den Körper und spricht ein bestimmtes Chakra an. Jedes Chakra schwingt auf einer spezifischen Frequenz und korrespondiert mit einem Ton auf der Tonleiter.

Die Tonhöhe ist zusammen mit der sogenannten Frequenz und der Klangfarbe eine wichtige Eigenschaft musikalischer Töne.

Im Allgemeinen erzeugen große Klangschalen tiefere Töne als kleinere Klangschalen. Tiefere Töne verbinden wir mit den unteren Chakren des Körpers, während helle Klänge die Chakren des Oberkörpers ansprechen.

Welche Klangschale man benötigt bzw. intrinsisch positiv empfindet, hängt davon ab, an welcher Stelle im Körper eine Blockade vorliegt bzw. welches Chakra man stärken möchte.

Die nachfolgende Tabelle zeigt, welcher Ton welchem Chakra nach der alten indischen Tradition entspricht und mit welcher positiven Energie wir Erfahrungen machen bzw. welche Blockaden sich lösen.

Chakra	Positive Energie	Sich lösende Blockaden	Tonart
Wurzel-chakra	Selbstdarstellung, Ehrgeiz, Konsistenz, Sicherheit, Überleben	mangelndes Selbstbewusst-sein, Ängste, Depressionen, Wutanfälle	C
Sakral-chakra	sexuelle Energie, Kreati-vität, pure Emotionen	sexuelle Störungen, Freudlosigkeit, Sorgen	D
Nabel-chakra	Mut, Kraft, Stärke	Entscheidungsschwäche, Abhängigkeiten, Gefühlsschwankungen, Kontrollzwang	E
Herz-chakra	Liebe, Frieden, Akzeptanz, Verständnis, Barmherzigkeit	Kälte, Kontaktarmut, Vorurteile, Wut, Verbitterung, Streitigkeiten, Trauer, Selbsthass	F
Hals-chakra	klare Kommunikation, Kreativität, Freundlich-keit, Resonanz	Scham, Antriebsschwäche, Müdigkeit, innere Unruhe, Vergesslichkeit	G
Stirn-chakra	Vorstellungskraft, Be-wusstsein, Intuition, psych. Wahrnehmung	Verlustängste, Gefühl der Bedeutungslosigkeit, Unkonzentriertheit	A
Kronen-chakra	Spiritualität, Bewusst-sein, Sinn des Lebens, Vollkommenheit, Frieden	Angst vor Krankheit und Tod, Gefühl der Sinn- und Ziellosigkeit	H

Chakren Tonzuordnung

Zudem gibt es die sogenannten Planetenton-Klangschalen, deren Töne bestimmten Planeten und anderen Himmelskörpern zugeordnet werden. Hierbei wird die Tonfrequenz in einem definierten Verhältnis zur Umlaufzeit eines Planeten oder anderen astronomischen Perioden umgerechnet. Ebenfalls gibt es direkte Zuordnungen zu Organen, Drüsen und Körperbereichen.

Aktivierung und Heilung der Chakren

Klangschalen können uns auf unterschiedliche Art und Weise berühren. Einerseits kann man die Klangschale frei im Raum schwingen lassen und ihren Klang über die akustischen Wellen genießen. Man hört die Klangschale über die Ohren.

Eine weitere Möglichkeit ist es, die Klangschale in der Hand zu halten. Wir hören nun nicht nur den Klang, sondern spüren auch ihre feinen Vibrationen.

Eine ebenfalls wundervolle Erfahrung ist, die Klangschale auf den Körper aufzulegen. Durch das Auflegen der Klangschalen direkt auf das jeweilige Chakra wird die Wirkung verstärkt.

Das Auflegen der Klangschale kann in Rücken- oder auch Bauchlage erfolgen. In beiden Fällen ist es ratsam, eine zweite Person dabei zu haben, die einen unterstützend begleitet und die Klangschale in gewissen zeitlichen Abständen entweder anschlägt oder anreibt.

Wie oft oder wie stark man eine Klangschale anschlägt, ist jedem selbst überlassen. Dies ist abhängig von der persönlichen Feinfühligkeit. Der eine benötigt nur ein leichtes Kribbeln und feinen Klang, und der andere genießt es, einen satten raumergreifenden Ton um sich zu haben, während die Ränder der Klangschale stark schwingen.

Video: Schwingende Klangschale

Es gibt auch keine Vorgabe dafür, wie lange eine Klangschale schwingen muss, um eine Wirkung auf das Chakren-System oder den physischen Zustand des Körpers zu erzeugen. Der menschliche Körper ist dafür zu komplex. Meiner Erfahrung nach darf man die Klangschale so lange und so oft anspielen, wie es einem guttut. Man sollte bei der Heilung der Chakren nicht vergessen, dass dies ein innerer Prozess und kein äußerer ist. Das heißt, man ist selbst für seine Genesung zuständig und kann hervorragend auch alleine daran arbeiten. Man benötigt nicht unbedingt einen spirituellen Führer, Heiler oder anderen Fachmann. Der eigene Körper ist in der Lage zu spüren, was für ihn richtig ist.

Doch wie funktioniert die Klangschale nun genau? Was löst die heilenden Eigenschaften aus? Hierzu müssen wir uns den Schwingungen und Vibrationen widmen.

Von Schwingungen und Vibrationen

Grund- und Obertöne

In der Akustik gilt der Grundton als der fundamentale Ton einer Tonleiter oder der Bezugston, von dem aus ein Musikinstrument gestimmt wird. Wir bezeichnen die Grundfrequenz der Klangschale als diesen Grundton.

Die Tonhöhe wird durch die Schwingungsfrequenz bestimmt. Je größer die Frequenz der Schwingungen ist, desto höher ist der Ton. Töne von 40 Hz oder 90 Hz nehmen wir als tiefe Töne war, während Töne von beispielsweise 600 Hz für uns hell klingen.

Die Obertöne sind die neben dem eigentlichen Grundton wesentlich mitklingenden Bestandteile eines instrumental oder vokal erzeugten musikalischen Tones.

Obertöne entstehen nicht von selbst, sondern ergeben sich aus dem Grundton, der üblicherweise die Klangfarbe der Klangschale prägt. Sie entwickeln sich als Oktaven oder als Vielfache des Grundtons. Ein Beispiel hierfür: Wenn der Grundton bei 60 Hz liegt, hat der 1. Oberton eine Frequenz von 120 Hz, der 2. Oberton 180 Hz und so weiter. Diese Töne werden als harmonische Töne bezeichnet. Dies gilt für die meisten Holzblasinstrumente und auch für viele Streichinstrumente. Bei handgefertigten Musikinstrumenten, wie Klangschalen, Glocken und auch Gongs, ist übrigens die Vielzahl des Grundtons nicht immer gegeben. Dies liegt insbesondere an den unregelmäßigen Wandstärken und der Materialien, welche stets aufgrund der Unwucht anders schwingen. Somit können handgefertigte Klangschalen nicht nur einen Ton erzeugen und ein Chakra ansprechen, sondern gleich mehrere, je nachdem, ob man dem Grundton oder den Obertönen die Hauptrolle des Klangs überlässt.

Es ist wichtig zu verstehen, dass Obertöne Schwingungen sind, die über dem Grundton mitschwingen und dem Klang seine charakteristische Klangfarbe verleihen. Diese Obertöne müssen jedoch nicht zwangsläufig dem Grundton folgen. Beispielsweise kann im Grundton ein tiefes C erklingen, während im Oberton ein F schwingt. Diese Töne müssen nicht immer ganze Töne sein, sondern können auch Halbtöne sein, die dem Klang der Klangschale eine besondere Nuance verleihen. Zudem liegen sie nicht immer eine Oktave über dem Grundton, sondern können auch darüber liegen.

Um die Bedeutung des Klangs gezielt zu betonen und die jeweiligen Obertöne bewusst hervorzuheben, sind unterschiedliche Schlägel vonnöten. Jeder Schlägel erzeugt verschiedene Klänge und hebt spezifische Obertöne hervor, wodurch die Vielseitigkeit der Klangschale voll zur Geltung kommt. Man entscheidet also bewusst, ob man dem Grundton der Klangschale den Vorrang gibt oder den jeweiligen Obertönen, um unterschiedliche Stimmungen und Energien zu erzeugen.

Bei einer Klangschale verläuft die Tonerzeugung auf eine besondere Art und Weise, die sich beispielsweise von einem Klavier unterscheidet. Bei einem Klavier erzeugt man durch das Drücken einer Taste einen ganz bestimmten Ton.

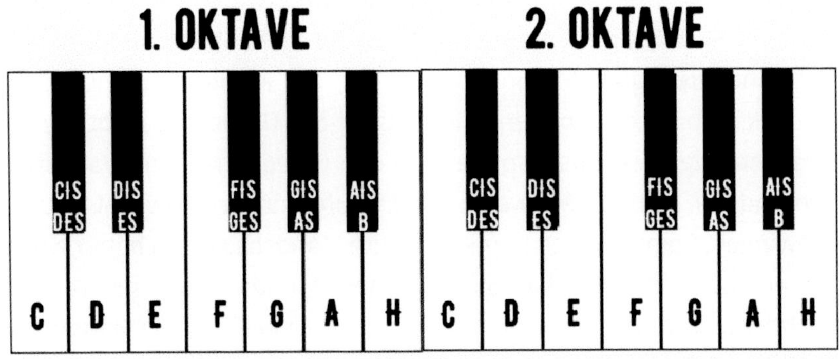

Durch Klaviertasten kann man den vollen oder halben Ton direkt bestimmen.

Bei einer Klangschale spielt die Weichheit oder Härte des Schlägels eine entscheidende Rolle. Wenn man einen weichen Schlägel verwendet, wird der Grundton der Klangschale erklingen und er wird sanft und tief klingen. Doch wenn man einen härteren Schlägel nimmt und auf die Klangschale schlägt, werden die Obertöne hervorgehoben, die wie strahlende Klänge über dem Grundton schweben (mehr dazu siehe Kapitel »Schlägel und Unterlagen«).

Je nachdem, wie fest man den Schlägel gegen die Klangschale führt, verändert sich der Klang – von sanft und beruhigend bis hin zu klar und lebhaft. Es ist, als würde die Klangschale eine geheimnisvolle Bandbreite an Tönen und Schwingungen in sich tragen, die darauf warten, entdeckt zu werden.

Hinweis: Eine Klangschale ist ein festeingestelltes Instrument. Das heißt, dass die Töne im Grunde unveränderbar sind. Man kann allerdings durch das Einfüllen von Wasser in die Schale die Tonfarbe verwandeln. Weitere Einflüsse, die auf den Klang wirken, sind beispielsweise die Temperatur und der Luftdruck.

Vibrationen

Bei handgefertigten Klangschalen erklingt nicht nur der wundervolle Ton, sondern dieser wird auch von begleitenden Vibrationen verstärkt. Diese Vibrationen können als kontinuierliche, schnelle, leichte Schüttel- oder Zitterbewegungen definiert werden. Dieses Phänomen wird als vibroakustische Wirkung bezeichnet. Die Vibrationen dringen mit einer bestimmten Intensität und Frequenz tief in das Muskelgewebe ein und bewirken Muskelkontraktionen und -entspannungen. Diese Muskelkontraktionen führen zu einer erhöhten Durchblutung, reduzieren Müdigkeit und lindern Muskelkater. Eine gute Durchblutung ist für die Gesundheit von entscheidender Bedeutung, da das Blut Sauerstoff und Nährstoffe zu jedem Organ transportiert und dem Körper hilft, Giftstoffe loszuwerden.

Darüber hinaus wird angenommen, dass die Vibrationsmassage die Nervenenden auf der Hautoberfläche stimuliert, die Impulse an das Gehirn weiterleiten. Dadurch kann die Leistungsfähigkeit des Nerven-, Kreislauf- und Lymphsystems verbessert werden.

Die Vibrationen unterstützen auf diese Weise die heilende Wirkung der Klangschalen und tragen zu einem umfassenden Wohlgefühl bei.

Anwendung und Gebrauch

Schlägel und Unterlagen

Beim Spielen der Klangschale kommen dem Schlägel sowie dem Untergrund wichtige Rollen zu. Ein falscher Schlägel oder nicht die richtige Unterlage führen zu einem Ton, den man eventuell nicht haben wollte, oder auch zu Störgeräuschen, wie ein Kratzen oder Klirren. Ebenfalls ist es möglich, dass die Klangschale überhaupt keinen Ton von sich gibt oder sich schlecht anreiben lässt.

Tipp: Es ist ratsam, sämtlichen Schmuck abzulegen. Ringe, Armreifen und auch Ketten könnten dazu führen, bei sanften Klängen störend zu wirken, wenn sie die Klangschale berühren.

Audio: Klangprobe mit Ring am Finger

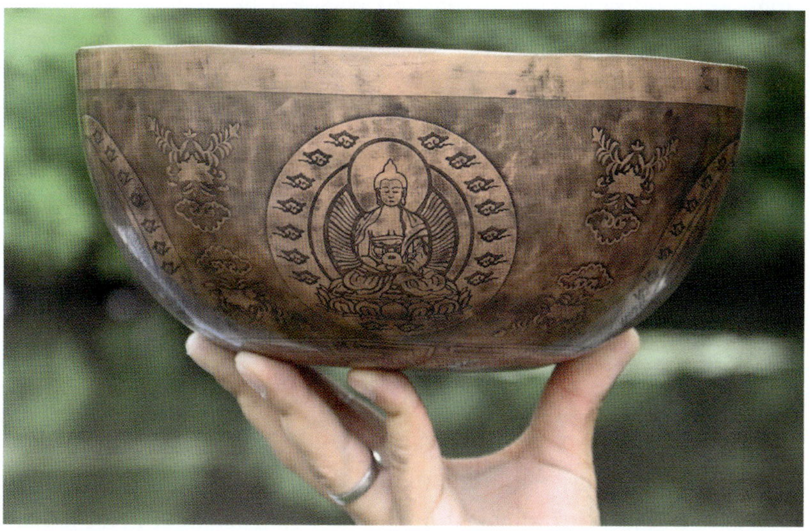

Wenn man den Ring nicht ablegen möchte, kann die Klangschale auf den Fingern balanciert werden.

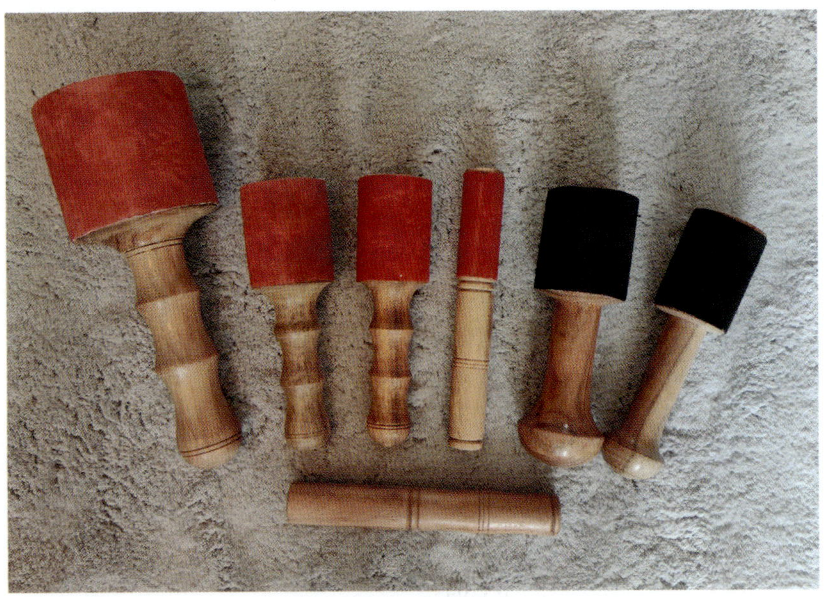

Harte Klangschalen-Schlägel zum Reiben und Anschlagen

Man kann unterscheiden zwischen weichen und harten Schlägeln sowie Reibern. Der weiche Schlägel erzeugt den sogenannten Grundton der Klangschale und ein harter Schlägel je nach Härtegrad den bzw. die Obertöne.

Im Laufe der Zeit haben sich wundervolle Schlägel aus unterschiedlichen Materialien wie Filz, Baumwolle, Gummi oder sogar welche, die mit Gewichten beschwert sind, entwickelt. Die Schlägel sind in unterschiedlichen Größen und Farben und mit verschiedenen Griffen erhältlich.

Der einfache Holzschlägel eignet sich hervorragend, um den Oberton der Klangschale herauszuholen. Hierbei wird die Klangschale entweder ganz sanft mit diesem angeschlagen oder leicht von außen umrieben. Aus diesem Grund bezeichnet man diese Art auch als Reiber. Der Holzschlägel neigt jedoch

Audio: Schriller Ton einer Klangschale

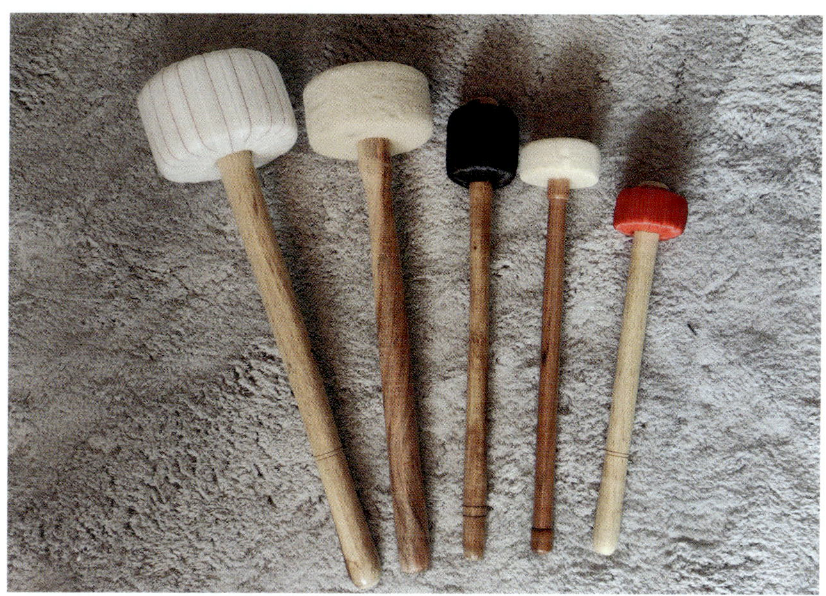

Weiche Klangschalen-Schlägel für den Grundton

schnell dazu, ein »Klirren« zu erzeugen. Dies passiert relativ schnell bei unsachgemäßem Einsatz (zu schnell, stark oder schwach) und führt zu schrillen und kratzenden Tönen. Das liegt daran, dass zwei harte Materialien, nämlich das Holz und das Metall, aneinandergeraten. Dieser Klang ist genau das Gegenteil, was wir uns für eine entspannte Klangmeditation wünschen.

Aus diesem Grund wird der Holzreiber in einer weiteren Form auch mit Leder oder Samt umzogen angefertigt. Hierdurch wird der direkte Kontakt zwischen Holz und Metall vermieden. Das Anreiben mit dem lederumzogenen Schlägel kann die Klangschale in eine tiefe Schwingung und Vibration versetzen oder, je nach Anpressdruck und Stelle, auch einen Oberton erzeugen. Generell sind die Töne eher sanfter, schwingen jedoch gleichzeitig deutlich länger.

Eine weitere Möglichkeit ist das Anschlagen mit einem großen weichen Schlägel. Dieser wird in der Regel aus Baumwolle, Filz oder Gummi hergestellt. Er wird im oberen Drittel der Klangschale angeschlagen und führt je nach Härtegrad zu einem tiefen oder helleren Klang. Mit ihm kann man die Klangschale nicht anreiben.

Für dünnwandige Klangschalen ist es empfehlenswert, besonders weiche Filzschlägel zu verwenden, um ein möglichst harmonisches Tonergebnis zu erzielen. Bei dickwandigen Klangschalen können ruhig härtere Filzschlägel verwendet werden.

Ein wichtiger Hinweis an alle Klangtherapeuten: Aufgrund der hohen Hygienevorschriften empfiehlt es sich, gummierte Schlägel mit Aluminium-Schäften zu verwenden, da diese einfacher gereinigt werden können.

Eine Klangschale sollte stets in der Hand, auf dem Körper oder einer weichen Unterlage angespielt werden. Direkt auf dem Boden, Tisch oder sonstigem harten Untergrund fängt die Klangschale an zu klirren.

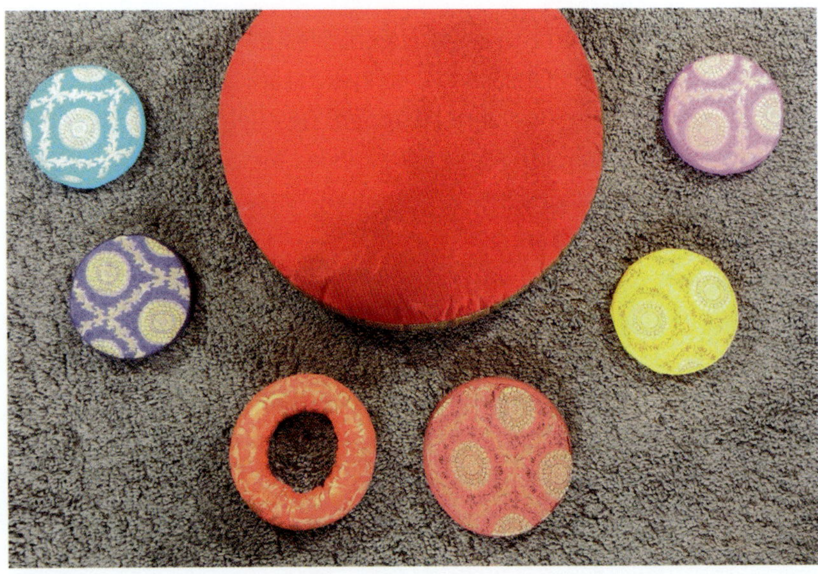

Klangschalen-Unterlagen in unterschiedlichen Formen und Farben

Über die Zeit haben sich verschiedene Unterlagen etabliert. Es gibt flache und hohe Kissen aus Filz, Baumwolle, Samt oder Kork. Ebenfalls gibt es Kissen, welche in Donut-Form angebotenen werden.

Zunächst einmal ist es eine Frage des persönlichen Geschmacks. Alle Kissenarten und -formen haben ihre Berechtigung. Jedoch sollte sich die Größe des Kissens an der Klangschale orientieren. Ist zum Beispiel das Kissen zu groß, führt das dazu, dass die Klangschale ins Kissen absackt. Hierdurch entsteht eine kürzere und schwächere Klangdauer und -intensität. Dies ist insbesondere bei Donutkissen zu beobachten. Man kann die Klangschalen aber ebenso auf einer (Woll-) Decke oder auch auf dem Teppich abspielen.

Letztlich ist die Hand aber der beste Ort, um eine Klangschale anzuschlagen – man hört ihren Klang, spürt ihre Vibrationen und kann sie einfach und unkompliziert von einem zu einem anderen Körperbereich schwingen lassen. Darüber hinaus ist auch das Anreiben der Klangschale unkomplizierter.

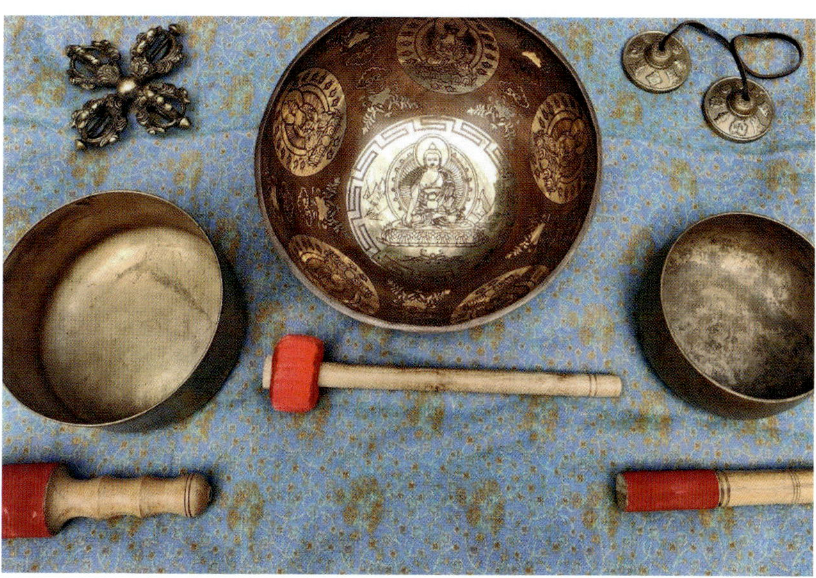

Klangschalen auf einem Tuch

Anschlagen und Anreiben

Wenn man eine Klangschale in die Hand nimmt und ihren Klang genießen möchte, sollte die Hand möglichst flach gehalten werden. Alle Finger sollten sich in einer Ebene befinden und der Daumen abgespreizt von der Schale sein. Zudem kann man sie auf die Fingerspitzen nehmen. Umso weniger Handflächenkontakt wir mit der Klangschale haben, umso länger wirken ihr Klang und ihre Vibrationen nach.

Die Klangschale sollte nicht fest in der Hand oder zwischen den Fingern gehalten werden.

Bei besonders kleinen und leichten Klangschalen empfiehlt es sich in jedem Fall, die Klangschale auf die Fingerspitzen oder die Faust zwischen Zeigefinger und Daumen zu setzen. Dies setzt natürlich ein wenig Feingefühl und Balancierfähigkeit voraus.

Tipp: Wenn man den Ellbogen an die Hüfte legt, stabilisiert man den Arm und es ist viel einfacher die Klangschale zu halten. Dies gilt insbesondere bei großen und schweren Klangschalen.

Natürlich kann die Klangschale auch auf den Körper gestellt werden. Hierbei sind flache Ebenen und Balance ebenfalls wichtig. Je größer die Körperstelle, desto größer darf natürlich auch die eingesetzte Klangschale sein.

Um eine Klangschale nun in Klang zu versetzen, wird in der Regel der mit Leder umzogene Klöppel genommen und der äußere Rand der Klangschale von außen angeschlagen. Dies geschieht im oberen Drittel der Schale.

Klangschalen werden niemals von innen angeschlagen oder von unten, da sie hier nicht ihren vollen Klang entfalten können. Ebenfalls schlägt man eine Klangschale nicht von oben oder schräg zum Rand an.

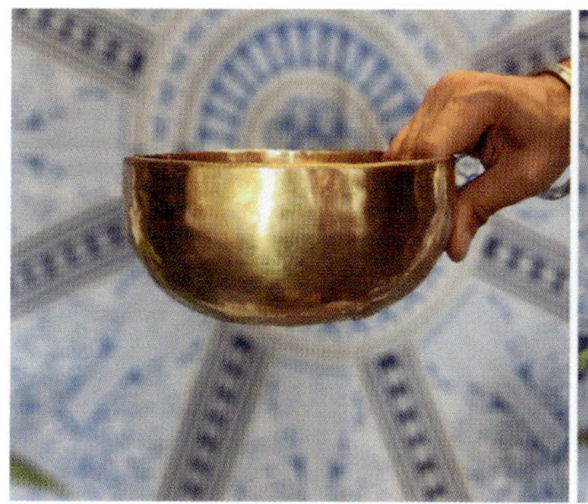
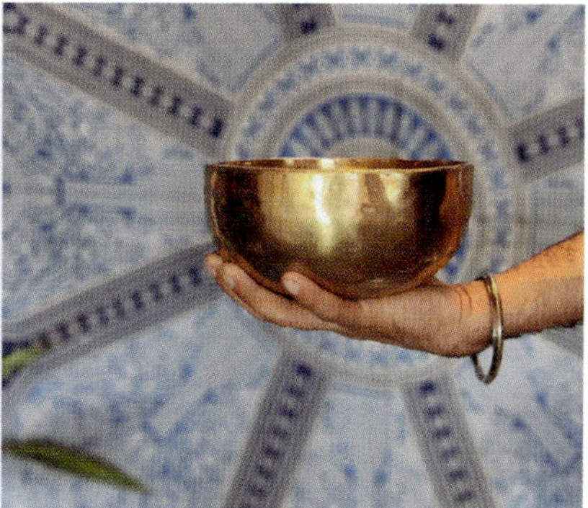

So kann die Klangschale nicht frei schwingen!

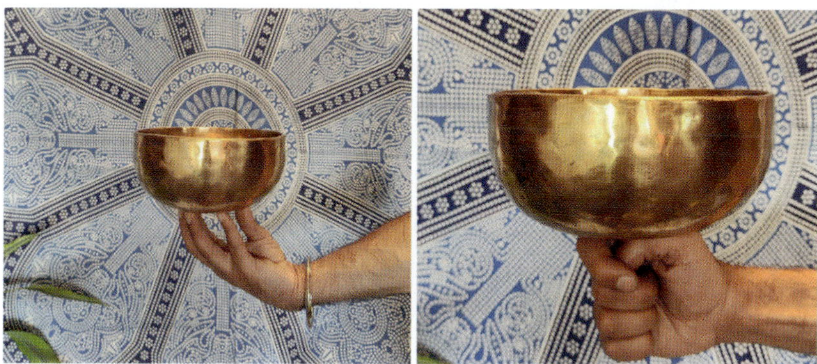

Die Klangschale kann auf den Fingerspitzen und der Faust frei schwingen.

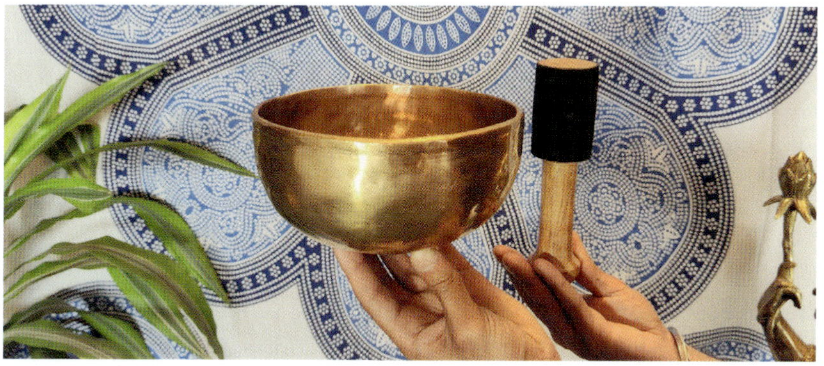

Anschlag mit dem Lederschlägel im oberen Drittel

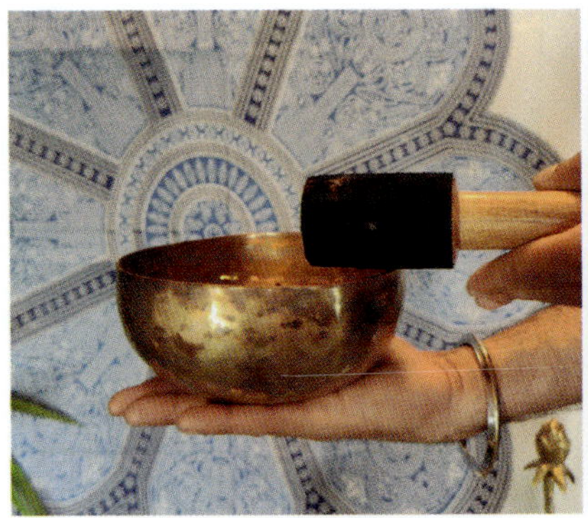

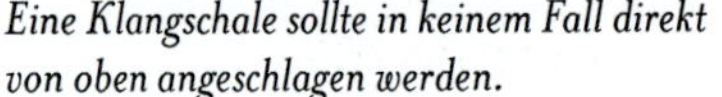

Eine Klangschale sollte in keinem Fall direkt von oben angeschlagen werden.

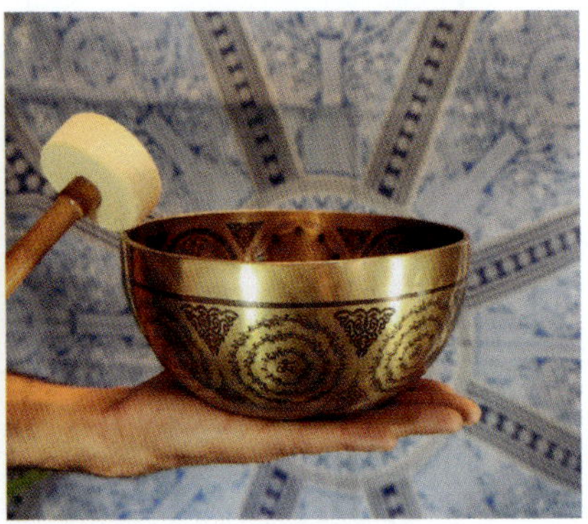

Ein Anschlag von schräg oben erzeugt ein schwaches Klangerlebnis.

Eine Klangschale kann außerdem mit dem Lederschlägel angerieben werden. Mit Filz oder Baumwolle funktioniert das nicht, da die Oberfläche nicht rutschfest nicht. Das Rauleder klebt förmlich an der Klangschale und versetzt sie durch das Reiben in Klang. Um die Technik und Handhabung des Reibens zu erlernen, bedarf es etwas Übung und Geduld. Bitte nicht voreilig aufgeben. Es ist wichtig, einen gleichbleibenden starken Druck in das Zentrum der Klangschale auszuüben. Der Lederschlägel folgt dabei der Form der Klangschale und wird flach an die Wand gedrückt – bei Thadobati-Schalen bedeutet das beispielsweise fast senkrecht und bei Manipuri-Schalen nach außen gerichtet.

Tipp: Wenn man die Klangschale vorab ganz leicht anschlägt, hat man bereits den Ruhemoment der Klangschale unterbrochen und sie lässt sich durch den fliegenden Start viel leichter in Bewegung und Klang versetzen.

Interessant ist, dass man den Klang der Schale selbst beim Reiben beeinflussen kann. Wird der Schlägel relativ senkrecht zur Wand gehalten, klingt die Schale in einem tieferen Ton, als wenn schräg am oberen äußeren Rand angesetzt wird.

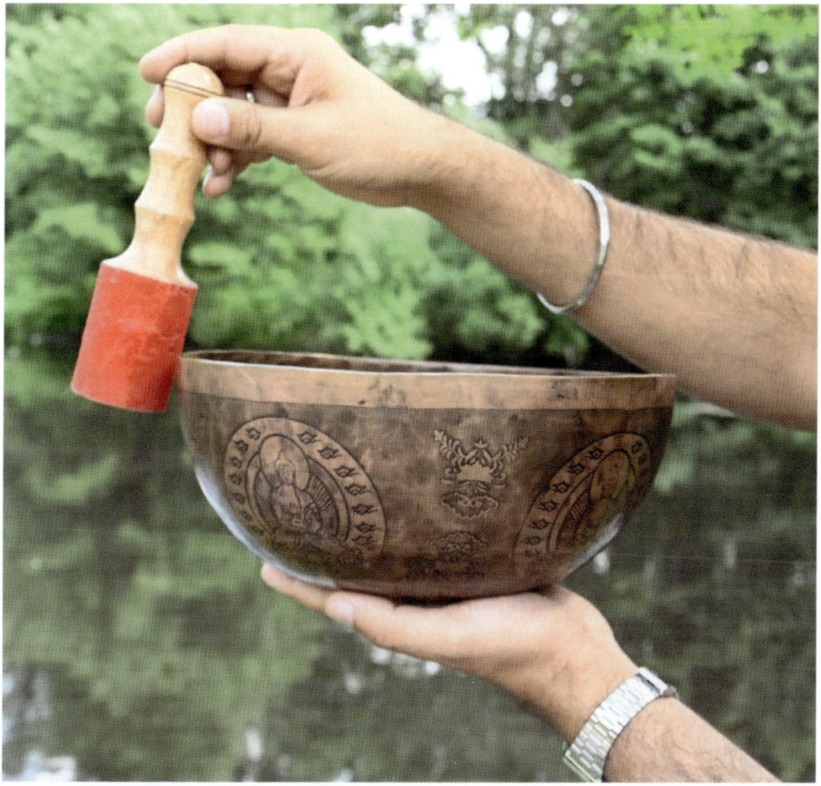

Klangschalen haben meist einen abgesetzten Rand. Dies ist der perfekte Bereich zum Bespielen.

Nachdem die Klangschale erst mal angefangen hat zu »singen«, kann man die Geschwindigkeit und den Druck beim Reiben anpassen und langsamer und sanfter werden. Die Schale schwingt nun fast von alleine. Sie lässt sich selbst bei halbmondförmigen Umkreisungen, also Richtungswechseln, nicht mehr aus dem Klang bringen. Dies ist insbesondere beim Auflegen auf den Körper wichtig, da man hier oftmals eine Hand in der Innenfläche der Klangschale halten muss, damit diese nicht runterfällt, und man beim Reiben sonst den Schlägel nicht um den Arm bekommt.

Video: Halbmondförmiges anreiben

Häufige Fragen aus der Praxis

Wie transportiert man eine Klangschale?

Eine Klangschale ist für viele nicht nur ein Objekt, das zu Hause steht, sondern mit einem im Alltag unterwegs ist. Sei es beruflich als Pädagoge oder Therapeut oder privat für einen Yoga-Kurs oder auf einer längeren Reise ins Ausland.

Zuallererst: Keine Angst. Eine traditionell handgefertigte Klangschale hat schon viel durchgemacht, bevor du sie in die Hände bekommen hast – die Hitze und Kälte bei der Herstellung, die grobe Bearbeitung mit Hammer, Zange, Feile und anderen Geräten sowie die Lagerung und der kilometerweite Transport bis zu dir nach Hause. Dies sind alles Einwirkungen auf die Klangschale, die ihr nicht geschadet haben.

Viele behandeln ihre Klangschalen mit ausgesprochener Liebe und das ist auch gut so. Trotzdem sind sie keine rohen Eier. Man darf Klangschalen ruhig ineinander stellen oder im Rucksack transportieren.

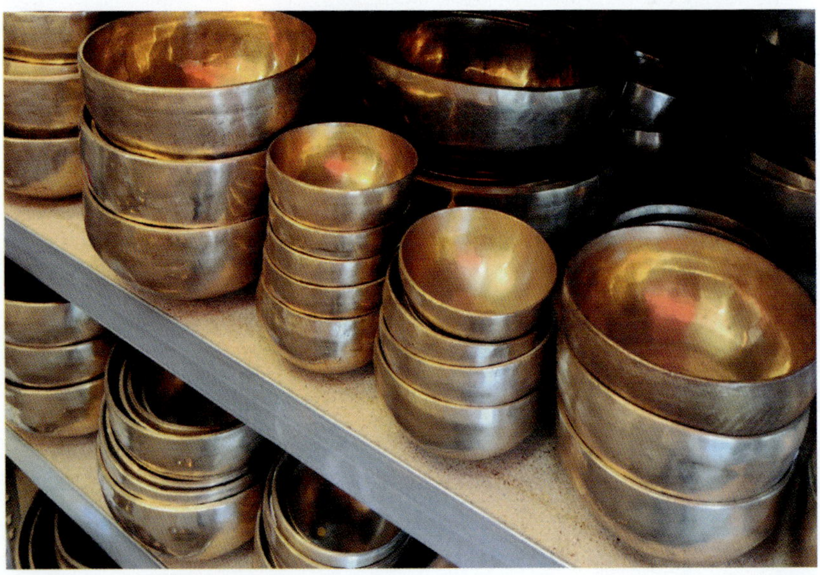

Einfache Tibet-Klangschalen …

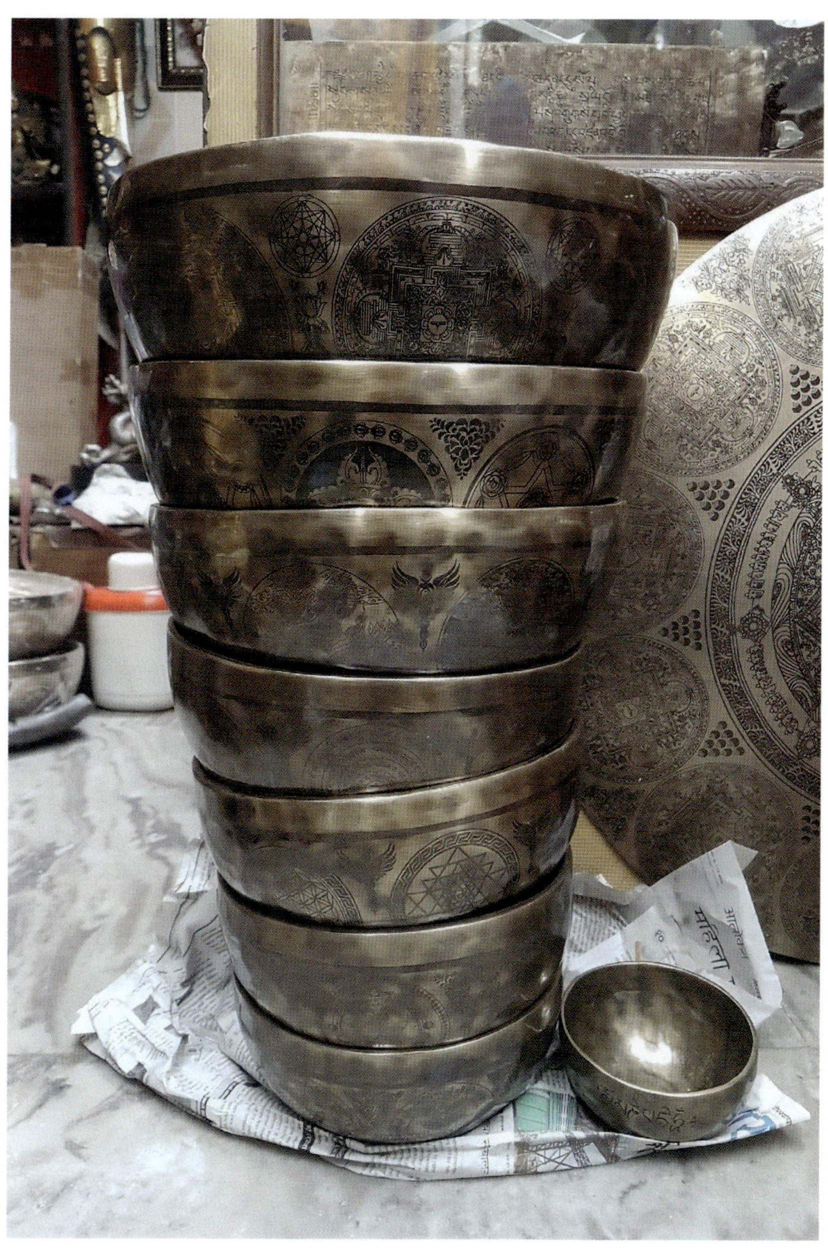

… aber auch verzierte Klangschalen werden gestapelt.

Aus meiner Erfahrung kann ich verraten: Nachdem die Manufakturen die Klangschalen fertiggestellt haben, werden diese in- und aufeinandergestellt. Teilweise 50–80 cm hohe Stapel sind mir untergekommen. Diese werden zur Weiterverarbeitung, beispielsweise für die Verzierung mit wunderschönen Gravuren, in Jutesäcke gestapelt und dann weggetragen. 30–40 kg befinden sich mitunter in diesen Säcken.

Und wenn dann mal eine umfällt, ist es wahrlich so wie ein Sack Reis, der in China umfällt. So ist das eben.

Dies gilt für die goldenen, »normalen tibetischen« Klangschalen, dessen Hauptlegierung aus Kupfer und Zinn besteht. Für besonders dünne, alte oder gegossene Klangschalen gilt das natürlich nicht. Wenn diese stürzen, fallen oder falsch transportiert werden, können sich Risse entwickeln, wodurch sie unbrauchbar werden.

Meine Empfehlung ist es, Klangschalen für den Transport in ein Tuch einzuwickeln und eine leicht kleinere in eine größere zu legen. Das Tuch wird dabei in die noch vorhandenen Lücken gedrückt. Dies gibt der äußeren Klangschale mehr Stabilität von innen heraus und die kleinere ist dabei ebenfalls geschützt.

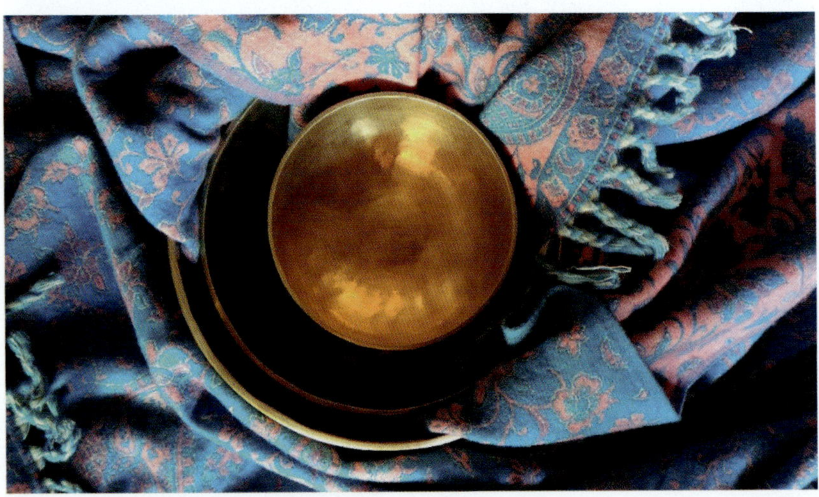

Das Tuch schützt die Klangschalen vor Kratzer.

Wie pflegt man eine Klangschale?

Bei der Pflege einer Klangschale gibt es nicht unbedingt viel zu beachten. Zunächst kommt es auf die Machart der Schale an. Die goldenen Schalen in der mattierten Variante sind relativ unempfindlich gegenüber äußeren Einflüssen. Diese wurden mittels eines speziellen Verfahrens imprägniert und lassen Wasser und Luftfeuchtigkeit nicht ans Metall. Die polierte Variante benötigt jedoch mehr Pflege, da man jeden Fingerabdruck auf ihr sehen kann. Dies ist zunächst erst mal nicht schlimm, jedoch »brennen« sich diese Fingerabdrücke mit der Zeit in die Schale ein. Es handelt sich hierbei um einen natürlichen Prozess, die Klangschale reagiert auf das Fett und die Feuchtigkeit der Finger bzw. Körperoberfläche.

Man kann dies vorab vermeiden, indem man entweder Handschuhe anzieht (was aber nicht praxisnah ist und wodurch man die Klangschale auch nicht so spürt) oder sie mit einem leichten Öl benetzt. Das kann entweder ein Speiseöl sein oder ein ätherisches. Letzteres hat auch den Vorteil, dass die Hände, nachdem man mit der Schale hantiert hat, nicht so stark oder gar nicht nach Metall riechen.

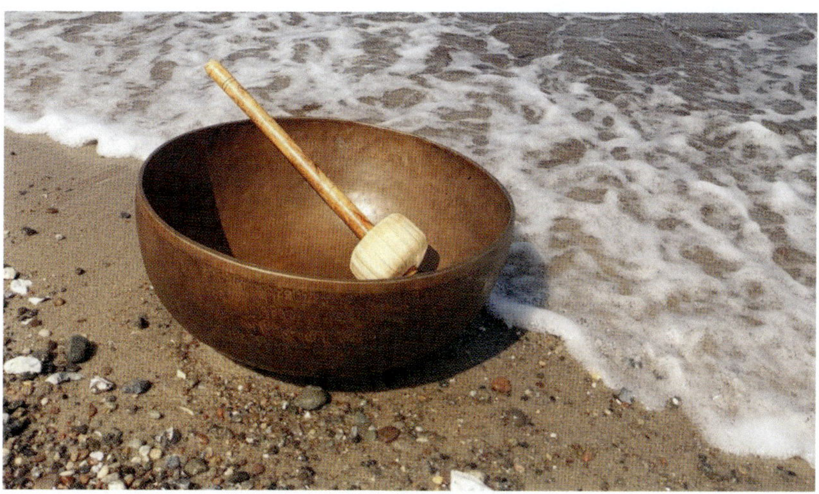

Auch Sand und Meerwasser machen der Klangschale nicht viel aus – natürlich sollte man die Schale danach mit Süßwasser reinigen und abtrocknen.

Hierzu verwendet man ein feuchtes Tuch mit ein bis zwei Tropfen des Öls darauf (je nach Größe der Schale) und reibt die Schale von außen und innen damit ein. Sie bekommt einen frischen Glanz und ist gegenüber Luftfeuchtigkeit oder Fingerabdrücken resistenter. Natürlich sollte man dies vorab an einer unauffälligen Stelle der Schale ausprobieren. Aufgrund der vielen Legierungen können die Klangschalen unterschiedlich auf die Behandlung reagieren.

Zudem gibt es Putzsteine und andere Reinigungsmittel, die wirklich jede Oxidation und optische Verschlechterung der Klangschale wieder entfernen können. Der Einsatz ist jedoch mit Vorsicht zu genießen. Oftmals sind hier Chemikalien am Werk, welche nicht nur streng riechen, sondern auch die restliche schützende Schicht an der Klangschale entfernen. Folglich darf man diese dann noch häufiger reinigen.

Bei geschwärzten, geätzten, bemalten oder sehr alten Klangschalen sollte man auf eine Reinigung komplett verzichten. Hier reicht es aus, das äußere und innere der Schale mit einem trockenen Tuch abzuwischen. Ansonsten entfernt man über die Zeit hinweg die Farbe oder Patina (wenn dies jedoch gewünscht ist, dann gerne wie oben genannt durchführen). Aber selbst das macht letztlich nichts. Denn die Klangschale soll ja auch leben und erleben dürfen.

Keine Sorge: Einen Einfluss auf die Klangqualität hat die Reinigung mittel- und langfristig nicht.

Wie finde ich heraus, welche Chakren meine vorhandenen Klangschalen ansprechen?

Um herauszufinden, welche Töne die vorhandenen Klangschalen haben, eignen sich Stimmgeräte-Apps, die man für Android- oder iOS-Geräte kostenlos herunterladen kann. Ich benutze beispielsweise Soundcorset und n-Track Tuner.

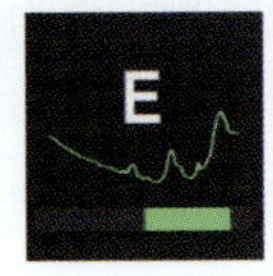

links:
Link zur Android-App
rechts:
Link zur iOS-App

Beide Applikationen arbeiten auf ähnliche Art und Weise. Sie zeigen die Schwingung als Frequenz wie auch den Ton in der jeweiligen Oktave des Klanges an. Bei der Verwendung unterschiedlicher Schlägel werden entweder der Grundton oder die Obertöne mehr in den Vordergrund gestellt.

Die Apps sind meist auf den Kammerton A bei 440 Hz eingestellt. Man sollte dies in den Einstellungen auf 432 Hz umstellen. Die 432-Hz-Frequenz kennzeichnet die natürliche Tonfrequenz, die im Einklang mit den Lebewesen, der Natur und dem Universum schwingt. Unser Körper und unsere Zellen schwingen harmonisch mit dieser Grundfrequenz. Sie kann unsere beiden Gehirnhälften ausgleichen und einen gesunden Stoffwechsel fördern.

Wie stelle ich mir ein Set von mehreren Klangschalen zusammen?

Das Thema Set-Zusammenstellung ist ein sehr interessantes und schwieriges zugleich. Einerseits könnte man intuitiv eine oder mehre-

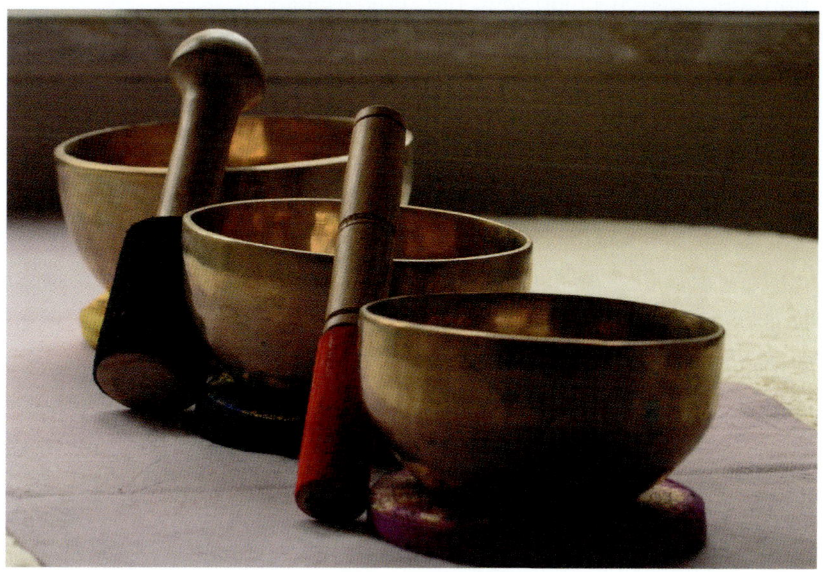

Set aus drei Klangschalen

re Klangschalen zu der bereits vorhandenen Klangschale kaufen. Man selbst kennt den Klang und die Stimmung der Schale und weiß, was gut zu ihr passen könnte. Außerdem spürt der, welche Klangschale zu einem passt.

Jedoch sollte man trotzdem vorsichtshalber seine bereits vorhandene/n Klangschale/n zum Kauf einer neuen mitnehmen. Wie zuvor beschrieben, besteht eine Klangschale nicht nur aus dem einen Ton, sondern schwingt mit vielen Tönen gleichzeitig. Meistens ist es der Grundton der Klangschale, der die Stimmung vorgibt. Jedoch darf man die Obertöne nicht vergessen, denn es kann passieren, dass die Obertöne der unterschiedlichen Klangschalen nicht miteinander harmonieren. In diesem Fall spricht man von einer Schwebung. Eine Schwebung erfolgt bei der Überlagerung zweier gleich gerichteter Schwingungen mit nur geringen Unterschieden in der Frequenz. Dies macht sich als An- und Abschwellen des Tons bemerkbar. Unangenehm störend wird eine solche Schwebung, wenn zwei Klangschalen mit eng benachbarten Tönen spielen – man sagt, die Töne »reiben sich«.

Des Weiteren sollte auch das Thema Oktave eine Rolle spielen. Wie bereits erwähnt, können Klangschalen, auch wenn sie den gleichen Grundton haben, tiefer oder auch höher klingen (siehe Kapitel »Schlägel und Unterlagen«). Kleine Klangschalen schwingen eher in einer der oberen Oktaven, wie der dritten, vierten, fünften etc. Die großen Fußklangschalen jedoch zumeist in der tiefen ersten Oktave und die mittleren Größen in der zweiten und dritten. Auch dies sollte man beachten, wenn man seinem bestehenden Set weitere Klangschalen hinzufügen möchte.

Ob ein Set nun aus zwei, drei oder mehr Klangschalen bestehen soll, darf jeder selbst entscheiden. Mit jeder weiteren Klangschale im Set kommt letztlich mehr Leben ins Ensemble. Die unterschiedlichen Klangschalen können sich auf viele unterschiedliche Arten und Weisen ergänzen.

Wie oft soll ich meine Klangschale benutzen?

Wie oft du deine Klangschale benutzen sollst, hängt von deinen individuellen Bedürfnissen ab. Es gibt keinen festen Richtwert als Antwort auf diese Frage. Du musst sie nicht zwingend jeden Tag spielen, aber es ist natürlich erlaubt, wenn du es möchtest. Klangschalen werden nach Bedarf eingesetzt. Ähnlich wie der Körper sich bei Hunger oder Müdigkeit mit einem Knurren oder Gähnen bemerkbar macht, wirst du vielleicht den inneren Impuls verspüren, dich wieder einmal mit deiner Klangschale zu beschäftigen. Dennoch ist es auch wichtig, ab und zu Pausen einzulegen und die Ruhe zu genießen. Letztendlich entscheidet dein Gefühl und dein Wohlbefinden darüber, wie oft du die Klangschale verwenden möchtest.

Können Klangschalen kaputtgehen?

Leider ja! Klangschalen können bei unsachgemäßen Gebrauch kaputtgehen. Insbesondere das Fallenlassen auf einen harten, mineralischen Boden führt zu Deformierung und im schlimmsten Fall zu Rissen oder Löchern in der Klangschale.

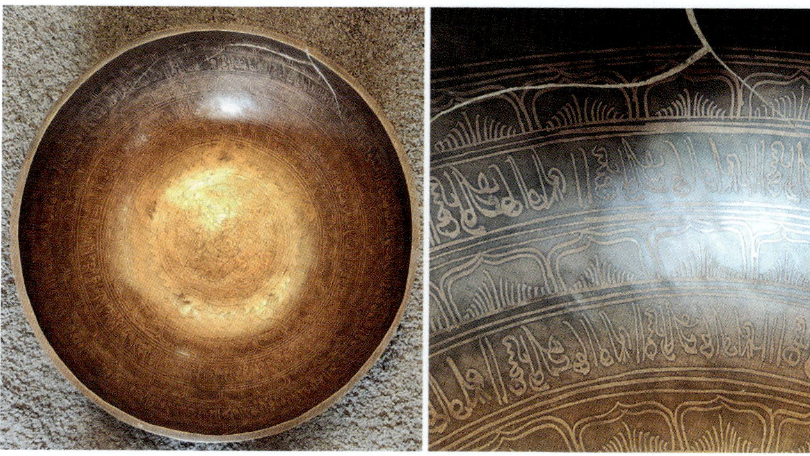

Ein seitlicher Sturz auf harten Marmorboden hat Risse verursacht.

Handgefertigte, dickwandige Klangschalen sind in dieser Hinsicht unempfindlicher als dünnwandige. Gegossene Klangschalen, egal ob dick oder dünn, werden in den meisten Fällen leider kaputtgehen.

Eine Reparatur ist nicht mehr möglich. Es gibt zwar Silber- und Goldschmiede, die einen Riss wieder schließen können, aber die materielle Spannung, die für den schönen, langen Ton sorgt, bleibt verloren. Manche Schalen klingen nach solchen Reparaturversuchen zwar wieder, aber nicht mehr wie vorher. Zudem ist die Reparatur ziemlich teuer.

Wir wirken Klangschalen auf Tiere?

Klangschalen haben wie beim Menschen auch bei Tieren einen Einfluss. Sie sind sichtlich beeindruckt von den Klängen und Vibrationen und fühlen sich allein schon durch ihre einladende Form angezogen. Kunden haben mir von unterschiedlichsten Anwendungsbereichen erzählt – sei es ein sogenannter Angst-Hund, der erst langsam das Vertrauen zum Menschen wiederaufbauen musste, weil er jahrelang lediglich in einem engen Zwinger gehalten wurde, oder eine stolze

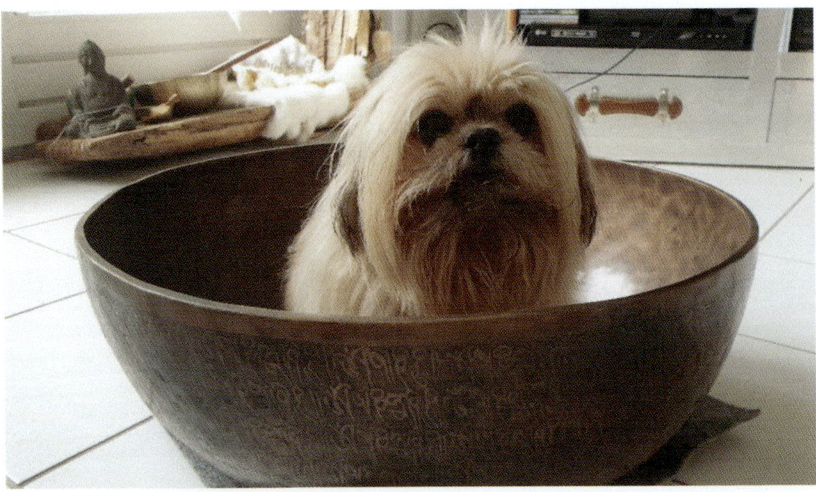

Kein Angst-Hund, sondern ein sehr glücklicher Hund

Pferdemutter, die sich mit ihrem Bauch über eine große schwingende Klangschale gestellt hat.

Die beruhigenden Klänge und sanften Vibrationen können eine positive Wirkung auf ängstliche Tiere haben und dazu beitragen, Nervosität und Anspannung zu mindern. Für viele Tiere schaffen diese beruhigenden Klänge eine vertraute und sichere Atmosphäre. Durch die regelmäßige Anwendung von Klangschalen in solchen Situationen kann sich das Tier möglicherweise nach und nach an die Klänge gewöhnen und eine positive Verbindung zu ihnen aufbauen, besonders in Momenten, in denen äußere Faktoren wie Gewitter, Feuerwerk oder Regen Stress bei dem Tier auslösen.

Es ist jedoch von großer Bedeutung, die individuellen Bedürfnisse und Reaktionen des jeweiligen Tieres genau zu beachten und die Anwendung behutsam durchzuführen. Im Zweifelsfall empfehle ich dringend, einen Tiertherapeuten zurate zu ziehen, um sicherzustellen, dass die Verwendung von Klangschalen für das Tier tatsächlich hilfreich und angemessen ist. Auf diese Weise kann die Anwendung gezielt auf die Bedürfnisse des Tieres abgestimmt werden, um die bestmöglichen Ergebnisse zu erzielen.

Video: Hund in einer Klangschale

Welche Vorsichtsmaßnahmen gilt es zu beachten?

Allgemein kann ich sagen, dass man für Klangschalen keinen »Führerschein« benötigt. Es sind intuitiv bespielbare Musikinstrumente. Jedoch haben ihre starken Vibrationen und auch Klänge unterschiedlichen Einfluss auf den Körper. Dementsprechend sollte man bei den ersten Berührungen mit Klangschalen auf Kleinigkeiten achten.

Anfänger sollten zunächst einmal mit langsamen 5-minütigen Sitzungen anfangen, um zu sehen, wie die Klangschalen auf sie wirken. Sie rufen teilweise tiefe Erinnerungen, Emotionen und Gedanken hervor. Wenn bei dir etwa eine psychische Erkrankung wie PTBS, Angstzustände oder eine Depression diagnostiziert wurde, arbeite unbedingt mit deinem Arzt oder Therapeuten zusammen, um sicherzustellen, dass du mit den möglicherweise auftretenden Gedanken und Gefühlen umzugehen weißt.

Menschen mit diagnostizierter Epilepsie sollten grundsätzlich auf Klangschalen verzichten, da Klangschalen bei Epileptikern Anfälle auslösen können.

Vermeide Klangschalen, wenn du Metallimplantate in deinem Körper hast, wie Herzschrittmacher, künstliche Herzklappen oder auch Metallstifte und -klammern. Die Vibration des Klangs könnte möglicherweise das Metall in Bewegung setzen und zu Verletzungen oder Fehlfunktionen des Geräts führen.

Darüber hinaus dürfen Klangschalen in keinem Fall direkt auf oder in der Nähe von Tumoren, Implantaten, Schrauben oder künstlichen Gelenken platziert werden.

Wenn du an einer entzündlichen Hauterkrankung wie Psoriasis, Ekzemen oder Nesselsucht leidest, empfehlen Ärzte, keine Schalen auf deinen Körper zu legen, da diese die Hauterkrankung verschlimmern könnten. Das liegt an den unterschiedlichen Metalllegierungen. Während Kupfer eine sehr positive Wirkung auf die Haut hat, könnten andere Bestandteile der Legierung jedoch Reizungen auslösen. Bei gesunden Menschen gibt es jedoch keinerlei Bedenken.

Schwangere sollten insbesondere in den ersten Monaten der Schwangerschaft auf Klangschalen verzichten. Wenn der Arzt es zulässt, können Schwangere kurze Sitzungen vornehmen, aber sollten darauf achten, dass die Schalen nicht in der Nähe des Bauches und Rückens sind.

Bei Kindern sollte man das Spielen der Klangschalen überwachen. Bei falscher Anwendung könnte es zu Hörschäden kommen, etwa wenn das Kind auf der Klangschale wild herumschlägt. Dies ist natürlich nur eine rein theoretische Vorsichtsmaßnahme, denn natürlich genießen im Allgemeinen auch Kinder die Freuden der Klangschale.

Meditation mit Klangschalen

Eine Klangschale ist ein wundervolles Instrument zur Meditation. Ihr langer, gleichsam schwingender Ton entführt uns in fremde Welten. Wenn man sich ganz auf den Klang konzentriert, verliert man das Gefühl für Raum und Zeit.

Sie wirkt dabei als unterstützende Kraft, um den Geist zu beruhigen und Klarheit zu schaffen. Ebenfalls ist sie ein Hilfsmittel zur Erdung und Konzentrationsförderung.

Außerdem hilft sie dabei, emotionalen Ballast loszuwerden und Spannungen abzubauen. Einen Moment lang die Gedankenwelt abzuschalten, ist eine Übung, die den Geist anregt. Negative Gedanken belasten Seele und Körper, wodurch das eigene Potenzial blockiert wird.

Die Länge der Meditation kann individuell angepasst werden. Man sollte mit kurzen Sitzungen anfangen und sich langsam steigern. Meine längste Meditation, ohne es überhaupt gemerkt zu haben, lag bei fast vier Stunden. Man sollte sich einfach die Zeit nehmen und jede Meditation in Ruhe und, wenn möglich, täglich üben. Es empfiehlt sich, die Meditation 30 bis 40 Tage zu wiederholen. Studien haben gezeigt, dass langfristige neurologische Veränderungen im Gehirn mindestens 30 Tage benötigen, um sich als Gewohnheit fest zu etablieren. Der erste Monat ist natürlich der schwerste, aber je länger man dran bleibt, umso mehr erfüllt es einen. Die Behandlung der Chakren ist keine Methodik, die bei einmaliger Anwendung sofort ihre Resultate zeigt. Vielmehr braucht Heilung ihre Zeit und kann nicht beschleunigt werden. Wenn man spürt, dass man sich diese Zeit nehmen muss, um wieder ins Gleichgewicht zukommen, dann sollte man das auch.

Die Meditation kann grundsätzlich jederzeit und an jedem möglichen Ort ausgeübt werden – zu Hause, auf dem Parkplatz im Auto oder natürlich in freier Natur. Meditation ist eine höchst persönliche Belohnung und eine besondere Möglichkeit, sich Ruhe zu gönnen.

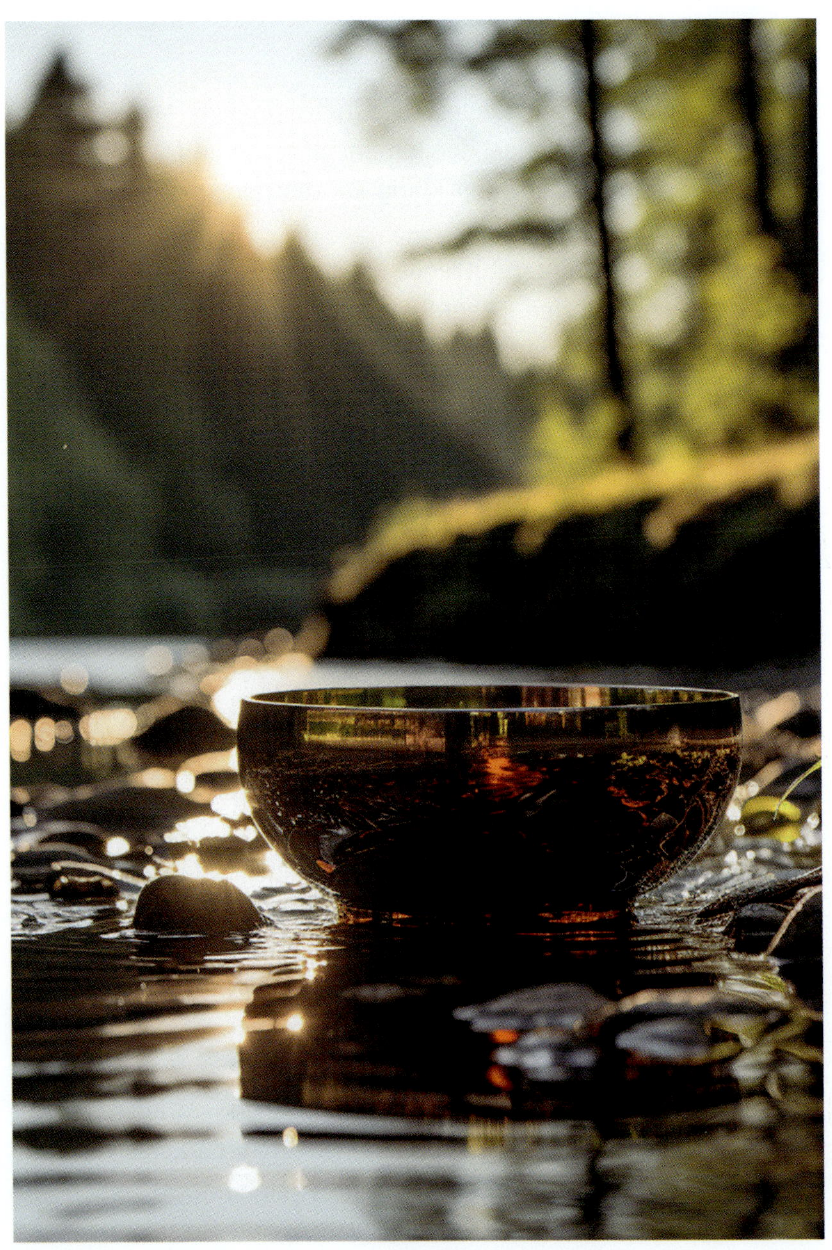

Eine Klangschale in der Natur zu hören, ist ein wundervolles Erlebnis.

Dabei muss die Meditation nicht in völliger Ruhe stattfinden, sondern wird durch den Einsatz einer Klangschale zu einem Erlebnis, bei dem die Chakren gestärkt und miteinander verbunden werden.

Die Mediation auf einzelne Chakren ist allerdings eine spezielle Form der Meditation: Sie setzt insbesondere voraus, dass man gelernt hat, für längere Zeit still zu sitzen, den Geist durch die bewusste Atem- und Energieführung zu beruhigen und zu fokussieren.

In der Regel ist die Meditation mit einer einzigen Klangschale ausreichend. Diese spricht direkt das entsprechende Chakra an. In weiteren Schritten kann man aber auch andere Klangschalen hinzufügen und den Umfang der Meditation erweitern.

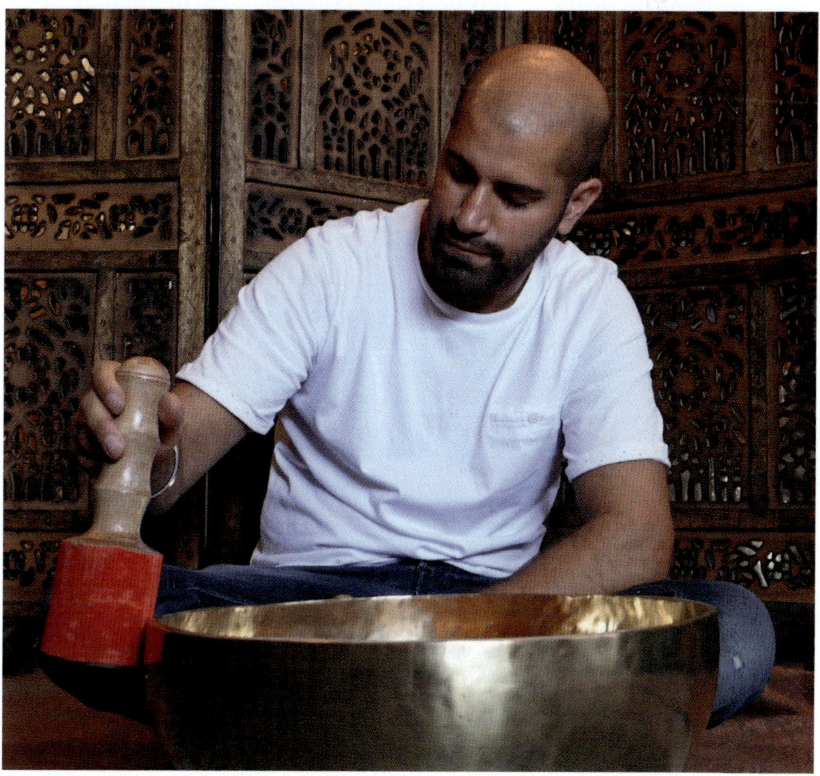

Augen zu und den Klang mit dem gesamten Körper aufnehmen

Wichtig ist auch, die Meditation vorzubereiten. Man sollte einen Ort auswählen, an dem man sich wohlfühlt. Das Handy oder andere Störquellen müssen ausgeschaltet sein. Man sollte angenehm weich sitzen können und die Schlägel und Reiber in Reichweite haben. Durch die Verwendung der Klangschale fällt es vielen Menschen leichter zu meditieren, da man sich vollkommen auf den Klang konzentrieren und die Außenwelt ausblenden kann.

Meditation auf das Wurzelchakra

Um auf das Wurzelchakra zu meditieren, empfiehlt es sich, eine große Klangschale zu nehmen, die in einem sehr tiefen Ton C schwingt. Man sollte sich aufrecht hinsetzen und dabei die Augen schließen.

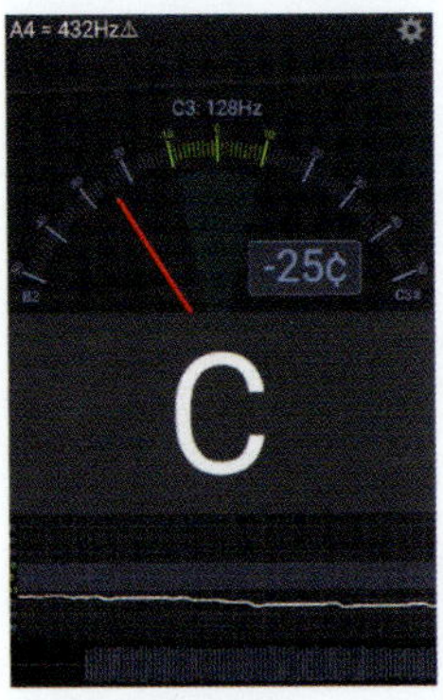

Audio: Klangprobe Ton C

Die Meditation sollte ohne Schuhe und Socken erfolgen, denn auch unsere Beine und Fuße sind Teil des Wurzelchakras.

Nun erfolgt die Konzentration auf die untere Körperhälfte, insbesondere auf den Beckenboden und die Wirbelsäule. Dadurch soll sich das Bewusstsein der Erdberührung manifestieren. Wir verwurzeln uns mit dem Boden und atmen langsam und tief in den Bauch. Es findet nun ein Energieaustausch mit der Erde statt. Mit jedem weiteren Atemzug reichen unsere Wurzeln tiefer und tiefer. Es baut sich ein Ruhepol mit Urvertrauen auf. Wir sind geerdet. Dieses wundervolle Gefühl darf ruhig den gesamten Körper durchströmen. Durch die Visualisierung der Farbe Rot wird der Energiefluss noch weiter gestärkt.

Die Klangschale wird regelmäßig dabei angeschlagen und darf komplett ausklingen. Dies darf regelmäßig wiederholt werden, während man gleichzeitig das Mantra des Wurzelchakras aufsagt.

Das Mantra des Wurzelchakras lautet »Lam« (ausgesprochen Lahm). Es bedeutet so viel wie »ich bin«.

Durch das Rezitieren des Mantras bestätigt man seine eigene Macht und Präsenz in der Welt. Dies gibt Sicherheit und Stabilität.

Die Meditation auf das Wurzelchakra sollte nicht an mehr als fünf aufeinanderfolgenden Tagen erfolgen. Nach dieser Zeit sollte man eine Pause einlegen, um die Auswirkungen der Meditation nachzuspüren. Die Meditation kann einige Tage später wiederaufgenommen werden.

Meditation auf das Sakralchakra

Die Meditation auf das Sakralchakra erfolgt durch den Einsatz einer mittelgroßen Klangschale, die im Ton D schwingt.

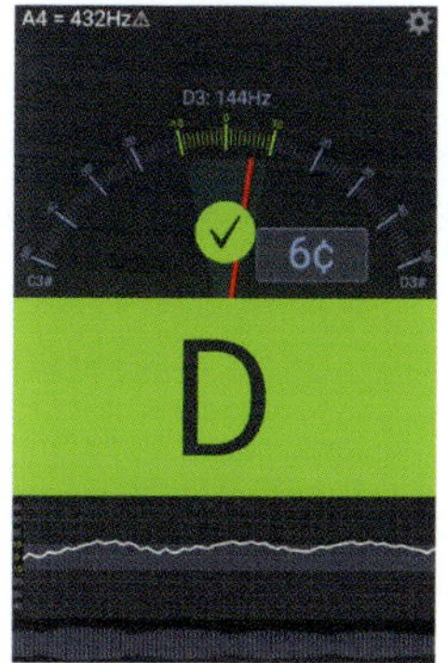

Audio: Klangprobe Ton D

Um das Sakralchakra zu öffnen, empfiehlt es sich, einen aufrechten Meditationssitz einzunehmen und die Augen zu schließen. Nun werden die Handflächen warm gerieben und auf den Unterleib gelegt. Dadurch wird das Sakralchakra geweckt. Bei jedem Atemzug darf man nun spüren, wie sich der Unterbauch durch das Einatmen ausdehnt und mit jeder Ausatmung zusammenzieht. Wir fühlen das Pulsieren, die Lebendigkeit und die Wärme im Bauch. Die Visualisierung der Farbe Orange in der Bauchgegend unterstützt den Effekt.

Durch das leichte Hin-und-her-Schwingen von links nach rechts wird das Gespür für die Liquidität in den Zellen gestärkt. Das Element des Sakralchakras ist das Wasser. Man sollte versuchen, das Wasser in seinen Zellen zu spüren.

Das Chakra kann zudem hervorragend durch das leichte unterstützende Anschlagen der Klangschale in Bewegung gesetzt werden. Gerne darf sie gleichzeitig vor den Unterleib gehalten werden. Dies sollte etwa zehn Minuten gemacht werden.

Um das Energiezentrum zu sensibilisieren, sollte man dreimal das »Vam«-Mantra singen, gefolgt vom dreimaligen »Om«.

Um die Stärkung des Sakralchakras zu unterstützen, sollte man die Verbindung zum Wasser aufrechterhalten. Ein Bad nehmen, in einem See schwimmen oder in einer warmen Naturquelle baden – all das stärkt die Sakralenergie.

Auch auf das Sakralchakra sollte man nicht mehr als fünf Tage hintereinander meditieren, um die Effekte der Meditation zu spüren.

Meditation auf das Solarplexus-Chakra

Die Meditation auf das Solarplexus-Chakra ist eine wundervolle Übung, die darauf abzielt, das Selbstbewusstsein und die Intentionskraft zu stärken. Unterstützend wirkt dabei eine mittelgroße Klangschale, die im Ton E schwingt. Durch das Meditieren auf das Solarplexus-Chakra werden automatisch auch die beiden ersten Chakren aktiviert und trainiert.

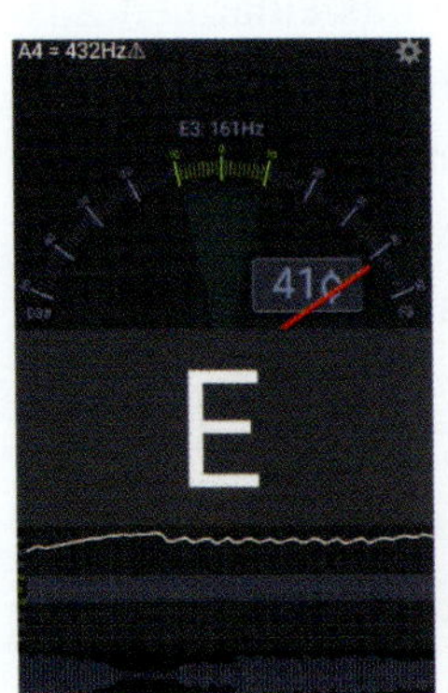

Audio: Klangprobe Ton E

Um das Solarplexus-Chakra in Bewegung zu setzen, müssen wir erneut die Kundalini-Energie in uns wecken.

Ein fester aufrechter Sitz ist hierbei wünschenswert. Durch das Schlagen von Wurzeln ins Erdreich wird dieser Sitz immer stabiler. Man fühlt die Kraft und den Halt, die aus dieser Verbindung durch einen fließen. Durch das Reiben der Hände und Auflegen in Höhe des Bauchnabels spürt man Wärme durch den Körper fließen. Sobald dieser Effekt eingetroffen ist, ist das Solarplexus-Chakra bereit zur Öffnung.

Man sollte sich bewusst werden, dass das gesamte Universum aus Licht besteht und man selbst auch. Mit jedem Atemzug dehnt sich das Licht im Solarplexus-Chakra immer weiter zu einer hellgelben Kugel aus. Das Nabelzentrum ist der Sitz des inneren Feuers und der Lebensenergie.

Die Meditation auf das Solarplexus-Chakra kann zwischen sieben bis zehn Minuten dauern und beliebig oft wiederholt werden.

Meditation auf das Herzchakra

Das Herzchakra ist ein Master-Chakra, das das Zentrum des Körpers anspricht. Es steht für sich alleine und hat dennoch große Auswirkungen auf den gesamten restlichen Körper und das Bewusstsein. Die Meditation sollte an einem wirklich ruhigen und persönlichen Ort stattfinden. Da bei der Anahata-Meditation das Herz im Vordergrund steht, sollte man so entspannt wie möglich sein.

Die Herzchakra-Klangschale ist in der Regel mittelgroß und schwingt in einem mitteltönigen, sanften Bereich im Ton F.

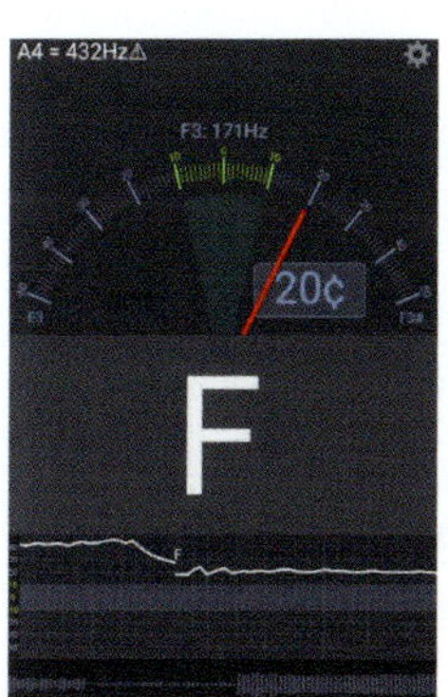

Audio: Klangprobe Ton F

Um die Herzchakra-Mediation einzuleiten, sollte man sich in einen aufrechten Sitz begeben. Nur dadurch wird die Verbindung zum Herzen nicht unterbrochen. Die Hände werden gerieben und dann auf die Brust gelegt, während die linke Hand auf der rechten aufliegt.

Die Gedanken werden auf das Herz gerichtet. Man atmet dabei tief ein und aus, während das Wurzelchakra die Wurzeln fest im Boden verankert und die Verbindung zu Mutter Erde herstellt. Durch die Visualisierung der Farbe Grün unterstützt man den Aufstieg der Energie in Richtung des Herzens.

Nun kann man die Hände ablegen und die Klangschale zur Unterstützung aufnehmen.

Das grüne Licht wandert vom Wurzelchakra nach oben ins Herzchakra mit jedem weiteren Atemzug. Zusätzlich zum Klang der Schale darf das »Yam«-Mantra den Raum erfüllen.

Die Meditation wird beendet, sobald die grüne Chakra-Energie die maximale Ausdehnung im Herzen erreicht hat. Es stellt sich ein Geborgenheitsgefühl und stärkeres Selbstbewusstsein ein.

Meditation auf das Kehlkopfchakra

Die Meditation auf das Kehlkopfchakra unterstützt die Freisetzung unserer Kommunikationsstärke, den Selbstausdruck und das Hören der eigenen Wahrheit. Es fördert nicht nur die Kommunikation mit anderen, sondern auch mit sich selbst – nämlich das Auseinandersetzen mit der inneren Stimme.

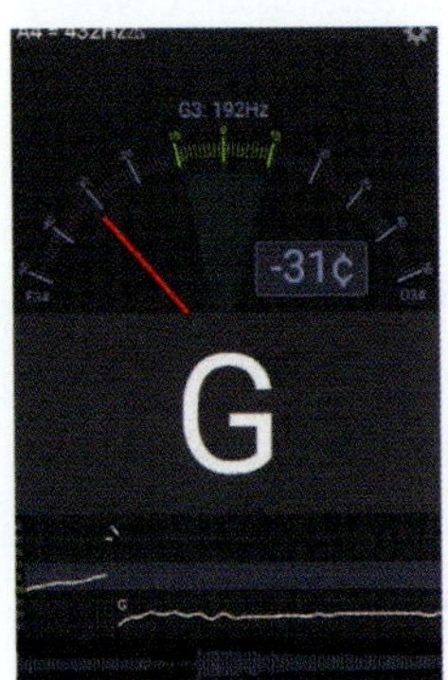

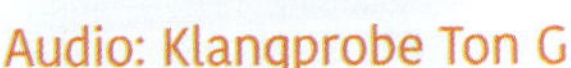
Audio: Klangprobe Ton G

Klangschalen, die im Bereich des Kehlkopfchakras schwingen, sind in der Regel eher klein bis mittelgroß und schwingen im Ton G. Ihr Klang kann hell und klar, aber auch leicht gedämpft und beruhigend sein. Um in die Meditation einzusteigen, begibt man sich in eine aufrechte und dennoch bequeme Sitzposition. Ein sanftes Kreisen der Hände um den Kehlkopf kann die energetische Vorbereitung dieser Meditation unterstützen. Anschließend dürfen die Hände auf den Oberschenkeln ruhen, während die volle Konzentration auf den Halsbereich gerichtet wird.

Die Atmung spielt eine zentrale Rolle in dieser Meditation. Sie sollte langsam und bewusst erfolgen. Nach jedem Ein- und Ausatmen kann die Luft für einen Moment sanft gehalten werden, um anschließend begleitet von einem weichen »Ah«-Laut ausgeatmet zu werden. Während dieser Atemübung ist es förderlich, die Farbe Blau in der Vorstellung zu visualisieren. Diese kraftvolle Blaufärbung repräsentiert die Energie des Kehlkopfchakras und durchströmt den gesamten Rachenraum mit ihrer klärenden und stärkenden Wirkung.

Das Mantra für das Kehlkopfchakra ist der Klang »Ham«. Während des Ausatmens kann dieses Mantra langsam oder auch mit etwas mehr Tempo wiederholt werden. Diese uralte Praxis des Mantra-Rezitierens unterstützt auf kraftvolle Weise die Reinigung, Freisetzung und Stärkung des Energiefeldes des Vishuddha.

Die Klangschale kann den Prozess der Heilung und Befreiung von Blockaden zusätzlich verstärken. In Einklang mit den Atemübungen und dem Aussprechen des Mantras wird die Klangschale regelmäßig angeschlagen, um die Schwingungen und harmonischen Klänge in den meditativen Raum einzubringen.

Es ist jedoch ratsam, nicht länger als fünf aufeinanderfolgende Tage ausschließlich auf das Kehlkopfchakra zu meditieren, da dies zu einer möglichen energetischen Überstimulation führen könnte. Es ist wichtig, eine ausgewogene Praxis zu bewahren und auch anderen Chakren die nötige Aufmerksamkeit zu schenken.

Meditation auf das Stirnchakra

Die Meditation auf das Stirnchakra ist relativ einfach und gleichzeitig sehr wirkungsvoll, um die Aufmerksamkeit in der Meditation zu bündeln. Sie verschafft uns Klarheit und Vision gleichzeitig. Die dazugehörige Klangschale ist eher klein und helltönig und schwingt im Ton A.

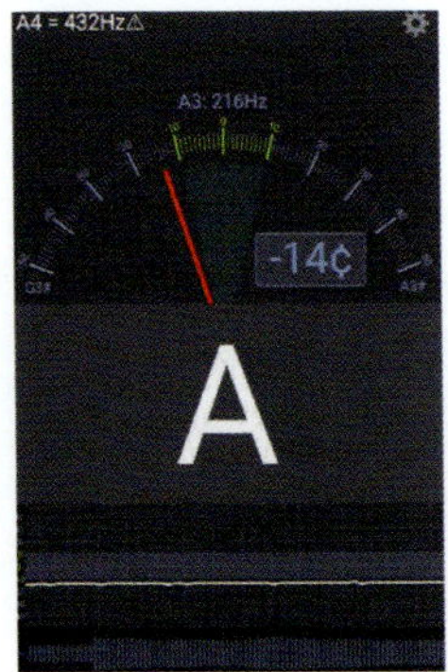

Audio: Klangprobe Ton A

Die Meditation erfolgt in aufrechter Sitzposition. Die Klangschale darf auf einem erhöhten Podest oder Couchtisch aufliegen, damit sie in ungefährer Höhe des Stirnchakras schwingt.

Durch die Erdung mit dem Wurzelchakra fließt die visualisierte Energie nun von unten bis in den Kopf. Gleichmäßige Atmung durch die Nase zentriert die Energie in dem Bereich der oberen Nasennebenhöhlen bis in die Stirn. Das Dritte Auge fängt langsam an, sich zu öffnen. Klarheit und Bewusstsein überwältigen den Geist. Zur Konzentrationsförderung wird die Klangschale immer wieder leicht angeschlagen.

Die Meditation auf das Stirnchakra dauert etwa 15 Minuten und darf täglich angewandt werden.

Meditation auf das Kronenchakra

Für die Meditation auf das Kronenchakra sollte man Zeit und einen ungestörten Raum haben. Die beste Zeit für die Meditation auf das Kronenchakra ist morgens nach dem Aufwachen oder vor dem Frühstück. Die Energie, die wir über die Nacht gesammelt haben, ist zu diesem Zeitpunkt noch komplett vorhanden.

Bei dieser Meditation geht es darum, im Moment präsent zu sein. Ablenkungen können sehr störend sein. Für die Kronenchakra-Meditation sollte man bestenfalls etwa 20 Minuten einplanen. Hier eignen sich insbesondere kleinere Klangschalen, die im Ton H schwingen.

Ebenfalls sehr interessant sind Klangschalen mit einem Doppelton, beispielsweise im Grundton C und im Oberton H. Diese sind dann ein wenig größer und lassen die Kundalini-Energie leichter von unten bis nach oben fließen.

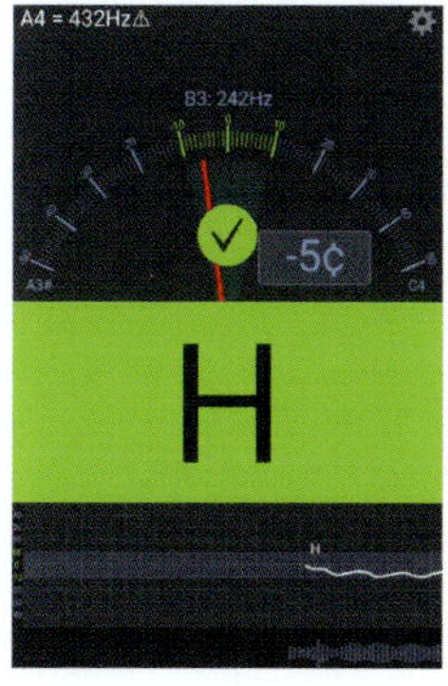

Audio: Klangprobe Ton H

Im leichten Schneidersitz mit der Klangschale an der Seite stehend wird der Körper zunächst geerdet und die Wirbelsäule begradigt. Man sollte ruhig atmen und die Energie von unten nach oben fließen lassen. Hilfreich ist es nun, sich ein (Chakra-)Rad vorzustellen, das sich dreht. Mit zunehmender Konzentration setzt ein leichtes Kribbeln auf dem Scheitel ein. Dies ist die Energie, die im Kronenchakra pulsiert und es in Bewegung setzt. Durch das leichte Anschlagen der Klangschale unterstützen wir das Fließen der Energie. Es öffnet sich die Verbindung zwischen Körper und Universum.

Nachdem man erfolgreich die Verbindung hergestellt hat, darf man danach ruhig für ein paar Minuten nachspüren und sich folgende Fragen stellen: Was hat man gefühlt? Hat es was in einem verändert?

Diese Meditation kann man täglich vornehmen. Es gibt nie genug kosmische Energie, die wir in uns aufnehmen können.

Einsatz in der Massage

Klangschalen sind auch eine wunderbare Ergänzung zu einer traditionellen Massage. Durch den Einsatz der Klangschale erreicht man Stellen im Körper, die mit bloßem manuellen Krafteinsatz nicht zu erreichen sind. Bei schwerwiegenden körperlichen Beschwerden, wie chronischen Rückenschmerzen, Muskelverhärtungen oder Krämpfen, sollte man auf fünf verschiedene Behandlungen setzen:

- Wärme
- Massage
- Akupunktur
- Akupressur
- Klangschalen

Körperanwendung

Die faszinierende Wirkung von Klangschalen entfaltet sich am intensivsten, wenn sie nicht nur gehört, sondern auch auf den Körper aufgelegt werden, sodass die Vibrationen direkt spürbar sind. Diese sanften Schwingungen durchdringen den gesamten Körper – eine Erfahrung, die sowohl beruhigend als auch belebend sein kann.

Dieser bemerkenswerte Effekt beruht auf der Zusammensetzung unseres Körpers, der zu einem Großteil aus Wasser besteht (bis zu 65 %). Diese Wasseranteile reagieren empfindlich auf die Klangschwingungen und setzen so eine faszinierende Reise durch unseren Orga-

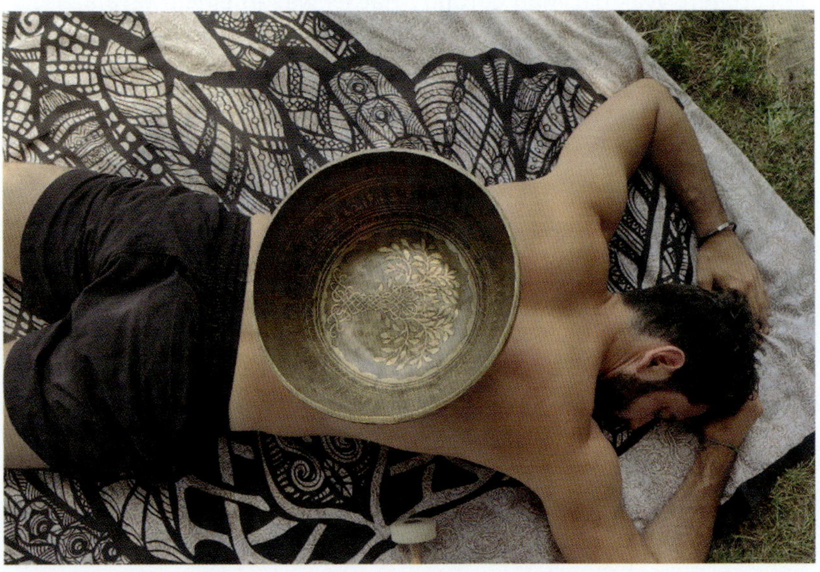

Große Klangschalen auf dem Rücken entfalten eine besondere Wirkung.

nismus in Gang. Besonders tief liegende Bereiche, wie die Knochen und inneren Organe, werden erreicht und mit sanfter Energie durchflutet.

Ein beeindruckender Aspekt ist die Verbindung zu unseren Knochen, die als Verankerungspunkte für Muskeln und Sehnen dienen. Häufig gehen chronische Rückenschmerzen auf Muskelprobleme oder Unregelmäßigkeiten im Zusammenspiel von Sehnen, Faszien und Bändern zurück. Hier kommt die gezielte Anwendung von Klangschalen ins Spiel: Durch regelmäßige Anwendungen auf den problematischen Stellen können sich Verspannungen lösen und die betroffenen Bereiche wieder in einen entspannten Zustand versetzen.

Es ist jedoch nicht zwingend erforderlich, die Klangschalen direkt auf den Körper zu legen, um von ihrer Wirkung zu profitieren. Selbst der indirekte Kontakt kann erstaunliche Resultate erzielen. Die sanften Schwingungen durchdringen nicht nur physische Barrieren, sondern berühren auch auf subtile Weise unser Innerstes, wodurch eine tiefe Entspannung und ein Gefühl der Harmonie entstehen können.

Indirekter Kontakt

Wie zuvor erwähnt, muss die Schale nicht immer im direkten Kontakt mit dem Körper sein. Sie kann ebenso einfach frei im Raum stehen. Hierzu stellt man die Klangschale beispielsweise auf einen erhöhten Platz und setzt sich davor. Durch das langsame Drehen des Kopfes oder Körpers kann man nun den Klang universell erfahren. Hierdurch kann man leicht in einen transzendentalen Zustand geraten.

Klangschalen in der Pädagogik

Im pädagogischen Kontext werden Klangschalen zunehmend vielseitig eingesetzt, da sie bei Kindern eine besondere Begeisterung hervorrufen. Schon im frühen Kindergartenalter finden Klangschalen auf

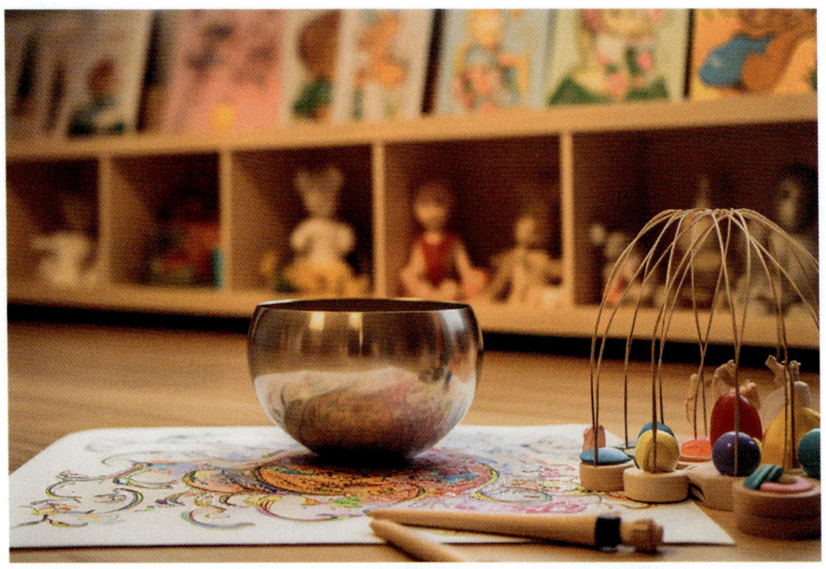

Klangschalen können im Kindergarten auf unterschiedlicher Art und Weise begeistern.

verschiedene Arten Verwendung. Sie tragen maßgeblich zur Entwicklung der Hand-Augen-Koordination, der Grob- und Feinmotorik sowie des Hörsinns bei. Im Schulalter kommen Klangschalen in Anlehnung an das Pawlowsche Konditionierungskonzept und für Achtsamkeitsübungen zum Einsatz.

Die Anwendungsmöglichkeiten sind jedoch noch vielfältiger. Neben Begrüßungs- und Verabschiedungsritualen bieten Klangschalen auch Raum für kreative Bewegungsübungen.

Es kann zum Beispiel ein Klang-Memory-Spiel entwickelt werden, bei dem die Kinder durch das Erkennen unterschiedlicher Klangschalenpaare ihre akustische Erinnerungsfähigkeit trainieren.

Ein weiteres fesselndes Konzept ist das Klang-Orchester. Die Kinder kombinieren dabei verschiedene Klangschalen zu einem harmonischen Klangensemble, wodurch ihre Kreativität und Teamarbeit spielerisch gefördert werden.

Darüber hinaus kann ein Klang-Parcours gestaltet werden, bei dem die Kinder nacheinander verschiedene Klangschalen erforschen und ihre individuellen Klänge wahrnehmen. Dies fördert nicht nur die auditive Sensibilität, sondern auch das bewusste Erforschen neuer Klangerfahrungen.

Eine ebenso unterhaltsame Übung ist das Klang-Malen. Hierbei werden unterschiedliche Klangschalen mit Wasser und verschiedenfarbigen Lebensmittelfarben gefüllt. Die Kinder können die Schalen vorsichtig anschlagen und dabei beobachten, wie die Klänge unterschiedliche Farbmuster auf Papier zaubern. Das Papier kann entweder unter den Klangschalen liegen und somit rund um die Schale herum seine Farbspritzer verteilen oder auch über der Klangschale gehalten werden.

Auch das Variieren der Wassermenge in der Schale kann spannende Erkenntnisse über den Klang eröffnen. Der Klang verändert sich. Zusätzlich eröffnet das Platzieren der Klangschale in einem größeren Gefäß mit Wasser interessante Möglichkeiten. Dank ihres verdrängten Wasservolumens schwimmt die Klangschale auf und erzeugt beim Anschlagen von innen faszinierende Wellen auf der Wasseroberfläche.

Nicht zuletzt kann man auch einen Luftballon an den Rand der Klangschale halten. Er wird anfangen zu vibrieren.

Mit diesen spielerischen Übungen wird das Potenzial der Klangschalen als pädagogisches Hilfsmittel optimal ausgeschöpft. Sie fördern nicht nur die Sinneswahrnehmung, sondern eröffnen den Kindern auf kreative Weise eine Welt des Entdeckens, Forschens und Lernens.

Eine wichtige Vorsichtsmaßnahme, insbesondere für die ganz Kleinen, betrifft die Materialwahl der Klangschale. Wenn das Kind mit der Schale in der Hand spielt, sollte man sicherstellen, dass es die Klangschale nicht in den Mund nimmt, da alle Klangschalen größtenteils Kupfer in der Legierung aufweisen. Kupfer ist zwar ein essenzieller Nährstoff, doch die Aufnahme von zu viel Kupfer kann dazu

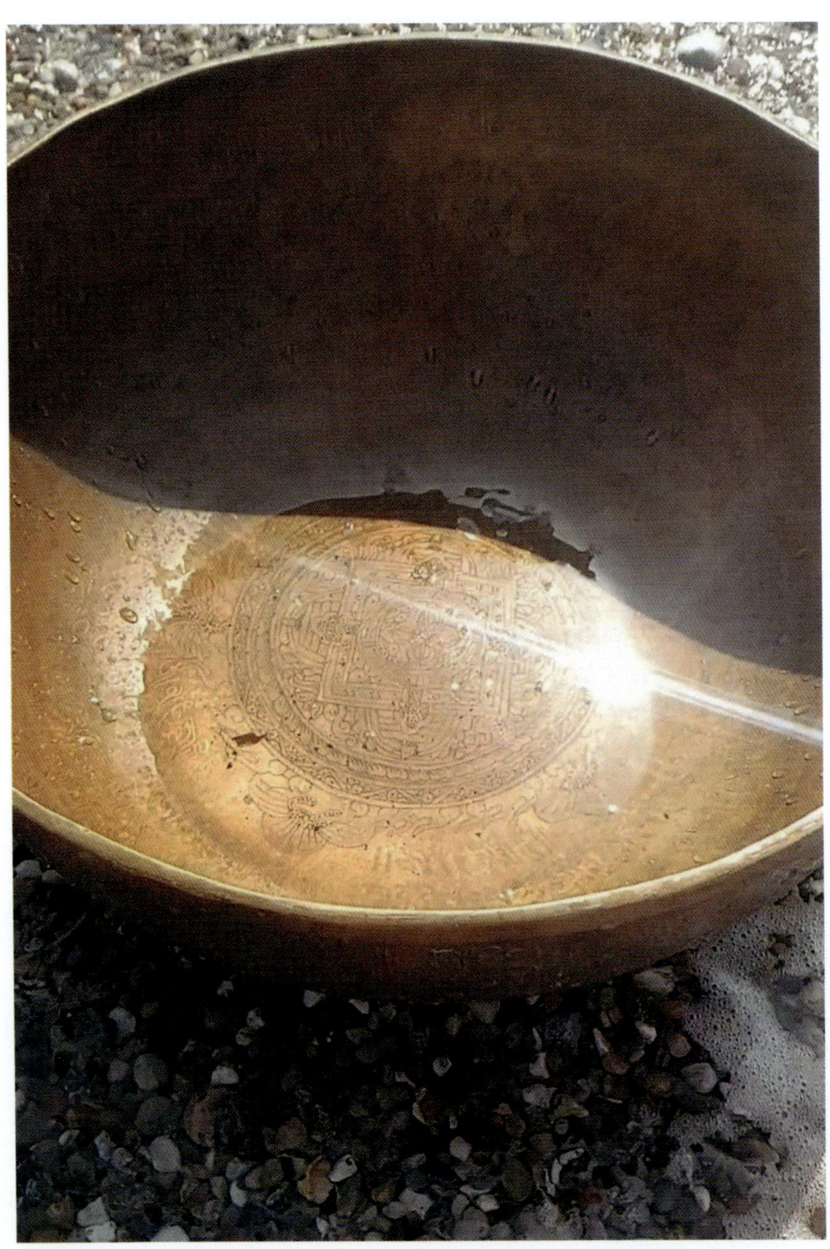

Mithilfe von Wasser in Klangschalen lässt sich der Ton optisch erfassen und verändern.

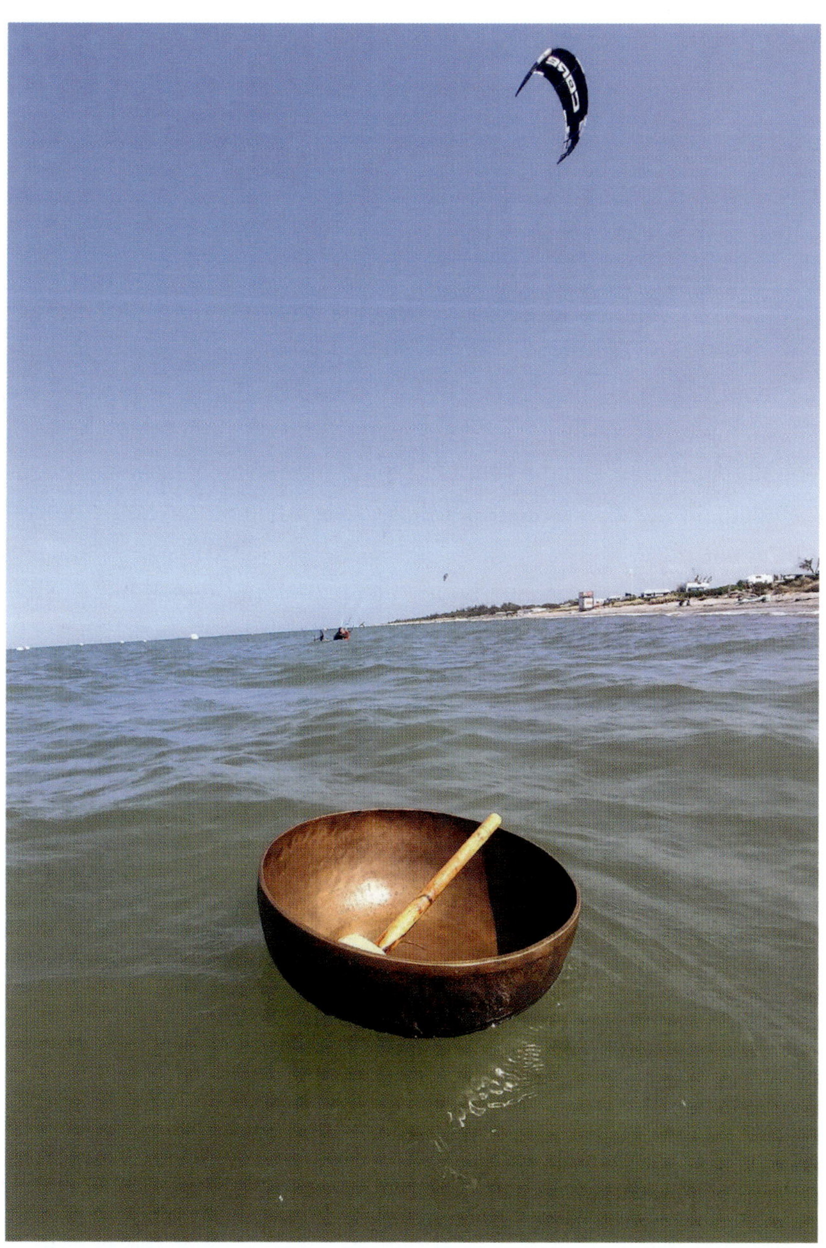

Klangschalen sind auch hervorragende Schwimmer.

führen, dass der Körper aus dem Mineraliengleichgewicht gerät. Dies gilt ebenso für Zink.

Tipp: Nach dem Spielen mit der Klangschale sollten die Hände gewaschen werden.

Die Klangreise

Klangreisen mit Klangschalen sind eine faszinierende und tiefenentspannende Erfahrung, die Körper, Geist und Seele auf eine harmonische und meditative Reise mitnimmt. Diese klangbasierte Entspannungstechnik nutzt die sanften Klänge und Schwingungen von Klangschalen, um die Teilnehmer auf eine imaginäre Reise mitzunehmen, die sie in eine Welt der Ruhe, Gelassenheit und Selbstentdeckung entführt.

Während einer Klangreise liegen die Teilnehmer bequem auf einer weichen Unterlage und lauschen den Klängen der Klangschalen, die von einem erfahrenen Klangtherapeuten oder Klangpraktiker gespielt

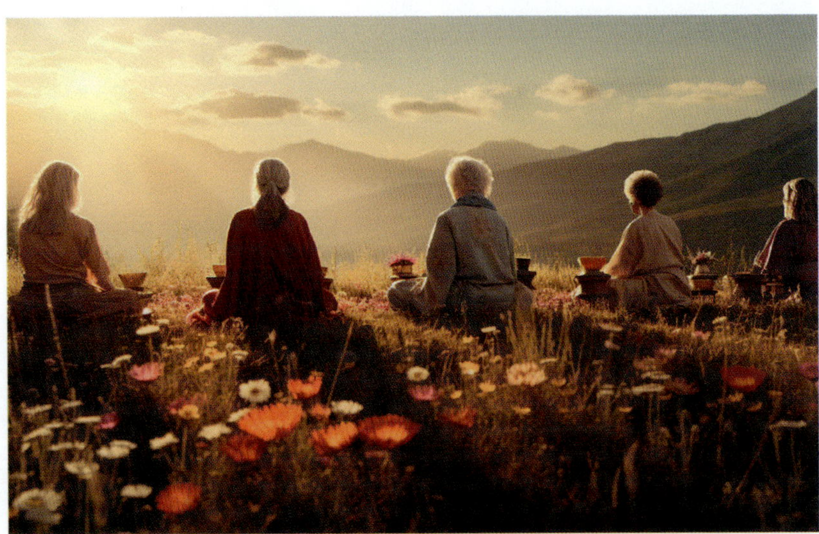

Eine Klangreise entführt Menschen in andere Welten.

werden. Die Schalen werden sorgfältig ausgewählt und platziert, um eine harmonische und meditative Klangatmosphäre zu schaffen. Die Klänge der Schalen wirken wie ein Klangteppich, der die Teilnehmer in eine andere Dimension des Bewusstseins trägt.

Die Klangreise beginnt oft mit einer sanften Einleitung und Anleitung durch den Therapeuten, um die Teilnehmer in einen Zustand der Entspannung und Achtsamkeit zu versetzen. Die Klänge der Klangschalen füllen den Raum und lassen die Teilnehmer allmählich in eine Fantasiewelt eintauchen.

Während der Reise können die Klänge der Klangschalen verschiedene Landschaften, Naturszenarien oder spirituelle Räume symbolisieren. Die Teilnehmer werden eingeladen, sich von ihrer Vorstellungskraft treiben zu lassen und die Klänge als Wegweiser auf ihrer inneren Reise zu nutzen. Die Klänge der Klangschalen können Emotionen wecken, innere Bilder hervorrufen und eine tiefe mentale und körperliche Entspannung fördern. Oft berichten die Teilnehmer von Gefühlen der Leichtigkeit, des Loslassens und der Verbundenheit mit sich selbst und ihrer Umgebung.

Die Klangreise kann auch dazu dienen, den Körper in einen Zustand der Harmonie und Ausgeglichenheit zu versetzen. Die Schwingungen der Klangschalen können Blockaden im Energiesystem lösen und den Energiefluss im Körper harmonisieren.

Nach einer Klangreise berichten die meisten Teilnehmer von einem Gefühl der Erneuerung, der Klarheit und der inneren Ruhe. Die Erfahrung kann noch lange nachwirken und als wohltuende Erinnerung an die eigene innere Quelle der Stille und Entspannung dienen.

Zusammenfassend lässt sich sagen, dass Klangreisen mit Klangschalen eine einzigartige Möglichkeit sind, sich von den Herausforderungen des Alltags zu lösen, in die innere Welt einzutauchen und eine tiefe Verbindung mit sich selbst herzustellen. Es ist ein Erlebnis, das alle Sinne anspricht und die Teilnehmer auf eine Reise der Selbsterforschung führt, die sie gestärkt, erfrischt und inspiriert zurücklässt.

Angst- und Stressbewältigung

Mithilfe von Klangschalen können Ängste und Stress auf verschiedene Weise reduziert und bewältigt werden. Die sanften Klänge und Schwingungen der Klangschalen haben eine beruhigende und harmonisierende Wirkung auf das Nervensystem, was zu Entspannung und innerer Gelassenheit führen kann. Hier sind einige Möglichkeiten, wie Klangschalen dabei helfen können, Ängste und Stress zu beseitigen:

Entspannung: Die Klangschalen können dazu beitragen, den Körper in einen Zustand der Entspannung zu versetzen und den Stresslevel zu reduzieren, da die Schwingungen der Schalen beruhigend auf das Nervensystem wirken.

Achtsamkeit und Präsenz: Das Anhören der Klänge der Klangschalen erfordert Achtsamkeit und Aufmerksamkeit im Hier und Jetzt. Dies kann helfen, den Fokus von besorgten Gedanken und Ängsten wegzulenken und den Geist zu beruhigen.

Atemübungen: Klangschalen können in Atemübungen integriert werden, um die Atmung zu vertiefen und den Atemrhythmus zu beruhigen. Eine bewusste und langsame Atmung kann dazu beitragen, die Entspannungsreaktionen im Körper zu aktivieren und Ängste zu mindern.

Meditative Praktiken: Klangschalen werden oft in der Meditation eingesetzt, um eine tiefere meditative Erfahrung zu ermöglichen. Die Klänge der Schalen können helfen, innere Ruhe zu finden, was insbesondere bei Stress und Ängsten von Vorteil ist.

Klangmassage: Die Klangschalen können auch bei einer Klangmassage auf oder um den Körper platziert werden. Die Schwingungen übertragen sich auf den Körper und wirken tiefenentspannend, wodurch Ängste und Anspannungen gelindert werden können.

Selbstfürsorge und Entspannungsrituale: Klangschalen können Teil einer regelmäßigen Selbstfürsorge und Entspannungspraxis werden. Das regelmäßige Hören der Klänge oder das Spielen der Schalen kann dabei helfen, Stress zu reduzieren und die eigene innere Balance wiederzufinden.

Es ist wichtig zu bedenken, dass Klangschalen keine Wundermittel sind und keine sofortige Heilung versprechen. Die Wirkung kann von Person zu Person variieren und es braucht möglicherweise etwas Zeit und Übung, um die besten Ergebnisse zu erzielen. Es wird empfohlen, Klangschalen als Teil eines ganzheitlichen Ansatzes zur Stressbewältigung und Angstlinderung zu sehen, der auch andere Selbstfürsorge-Praktiken, gesunde Lebensgewohnheiten und gegebenenfalls professionelle Unterstützung einschließt.

Behandlung des Nervensystems

Bei einer Studie des Universitätsklinikum Regensburg aus dem Jahr 2022[1] konnte nachgewiesen werden, dass Klangschalen einen großen Einfluss auf das Nervensystem haben.

In der Studie wurden insgesamt 34 Probanden untersucht. Die Ergebnisse zeigten eine bemerkenswerte neurophysiologische Verbindung zwischen der Anwendung von Klangschalen und dem Nervensystem. Bei den Probanden wurde eine Verringerung der Herzschlagrate festgestellt, begleitet von einer erhöhten Atemfrequenz. Beeindruckend ist auch, dass 97,1 % der Teilnehmer angaben, sich nach der Klangschalen-Anwendung ausgeglichener zu fühlen.

Die positiven Auswirkungen von Klangschalen erstrecken sich auch auf verschiedene Krankheiten und Gesundheitszustände. Einige Beispiele hierfür sind Multiple Sklerose, Morbus Parkinson, motorische Probleme nach einem Schlaganfall sowie Zustände wie Wachkoma oder Schädeltrauma.

Hier ein konkretes Beispiel, das den Nutzen der Klangschalen-Therapie verdeutlicht: Ein Schlaganfall kann oft zu einer Halbseitenlähmung führen, bekannt als Hemiparese. Gesichtslähmungen, sogenannte Facialparesen, können ebenfalls auftreten. In der Klangschalen-Therapie werden die Schalen auf neuralen Punkten platziert, an denen viele

[1] https://epub.uni-regensburg.de/52221/1/medicina-58-00594.pdf, zuletzt aufgerufen am 25.07.2023

Nerven verlaufen. Durch die sanften Vibrationen werden die Nerven stimuliert und senden ihre Signale zum Gehirn, wo diese Informationen verarbeitet und umgesetzt werden. Die regelmäßige Anwendung, beispielsweise am Handgelenk, kann im Laufe der Zeit dazu führen, dass die Beweglichkeit wieder zunimmt. Das Gehirn lernt, dass die betroffene Körperpartie noch vorhanden und einsatzbereit ist. Das zeigt, dass neuronale Strukturen veränderbar und somit trainierbar sind.

Diese Erkenntnisse verdeutlichen das Potenzial der Klangschalen-Therapie für die Unterstützung des Nervensystems und die Verbesserung verschiedener gesundheitlicher Zustände. Sie unterstreichen die vielfältigen Anwendungsmöglichkeiten und den wachsenden Wert der Klangschalen in der medizinischen Welt.

Raumreinigung

Das Gefühl, dass in einem Raum dicke Luft herrscht, kennt wohl jeder. Insbesondere nach einem Streit, schlechtem Schlaf oder Anspannungen kann sich eine Raumreinigung mit der Klangschale positiv auswirken.

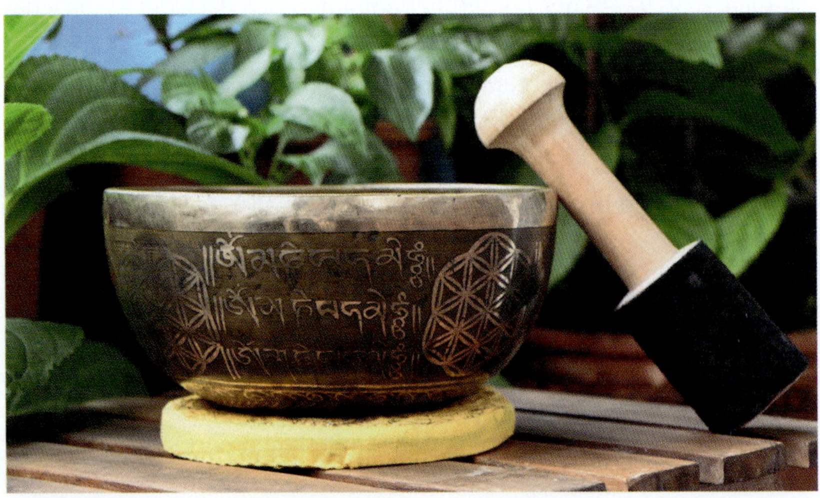

Klangschalen verbessern den Energiefluss im Haus.

Das Prinzip des Feng Shui hilft dabei, die Energien im Zuhause besser fließen zu lassen. Klänge haben bei diesem jahrtausendealten Prinzip schon immer eine wichtige Rolle gespielt. Es gibt natürlich viele unterschiedliche Arten von Klängen, die man anwenden könnte, aber die Klangschale hat sich als besonders schnellwirkende Lösung erwiesen.

Die Reinigung eines Raumes mit Klangschalen ist eine traditionelle Methode, um negative Energien zu klären und eine harmonische Atmosphäre zu schaffen. Sie helfen dabei, den Raum zu energetisieren und eine positive Schwingung zu erzeugen. Hier eine einfache Anleitung, wie man mit Klangschalen einen Raum reinigen kann:

Vorbereitung:
Stelle sicher, dass der Raum aufgeräumt ist und keine Ablenkungen oder Störungen vorhanden sind. Schließe gegebenenfalls Fenster und Türen, um eine ruhige Umgebung zu schaffen.

Auswahl der Klangschalen:
Wähle eine oder mehrere Klangschalen aus, die einen harmonischen und angenehmen Klang erzeugen. Jede Klangschale hat ihren eigenen Charakter und Klang, daher ist es wichtig, die richtigen Schalen für die Reinigung auszuwählen.

Reinigungsabsicht setzen:
Nehme dir einen Moment, um eine klare Absicht für die Reinigung des Raumes zu setzen. Du kannst in Gedanken oder laut aussprechen, dass du den Raum von negativer Energie befreien und eine positive und harmonische Atmosphäre schaffen möchtest.

Klangschalen spielen:
Beginne, die Klangschalen zu spielen, indem du sie sanft mit einem Schlägel anschlägst oder reibst, und lausche den Klängen. Lasse die

Klänge durch den Raum schwingen und die Energie der Klangschalen den Raum reinigen.

Den Raum umwandern:
Bewege dich langsam und bewusst durch den Raum, während du die Klangschalen spielst. Lasse die Schalen an verschiedenen Stellen im Raum erklingen und achte darauf, dass der Klang alle Ecken und Winkel des Raumes erreicht.

Intention betonen:
Während du die Klangschalen spielst, kannst du deine Absicht für die Reinigung des Raumes nochmals betonen. Visualisiere, wie der Klang die negative Energie vertreibt und eine lichtvolle und positive Energie im Raum etabliert.

Beenden der Reinigung:
Nachdem du den Raum gründlich mit den Klangschalen gereinigt hast, beende die Klangreinigung sanft. Lasse den Klang allmählich verklingen und verweile einen Moment in Stille, um die positive Energie zu spüren.

Dankbarkeit:
Schließe die Reinigung mit Dankbarkeit ab. Du kannst den Klangschalen für die positive Energie im Raum danken.

Es ist wichtig zu wissen, dass die Reinigung eines Raumes mit Klangschalen zwar eine wertvolle und oft als wohltuend empfundene Praxis ist, aber keine wissenschaftlich nachgewiesene Wirkung auf negative Energien oder Schwingungen hat. Die Reinigung mit Klangschalen sollte daher als spirituelle oder symbolische Praxis betrachtet werden, die zur Förderung von positiver Energie und innerem Wohlbefinden beitragen kann.

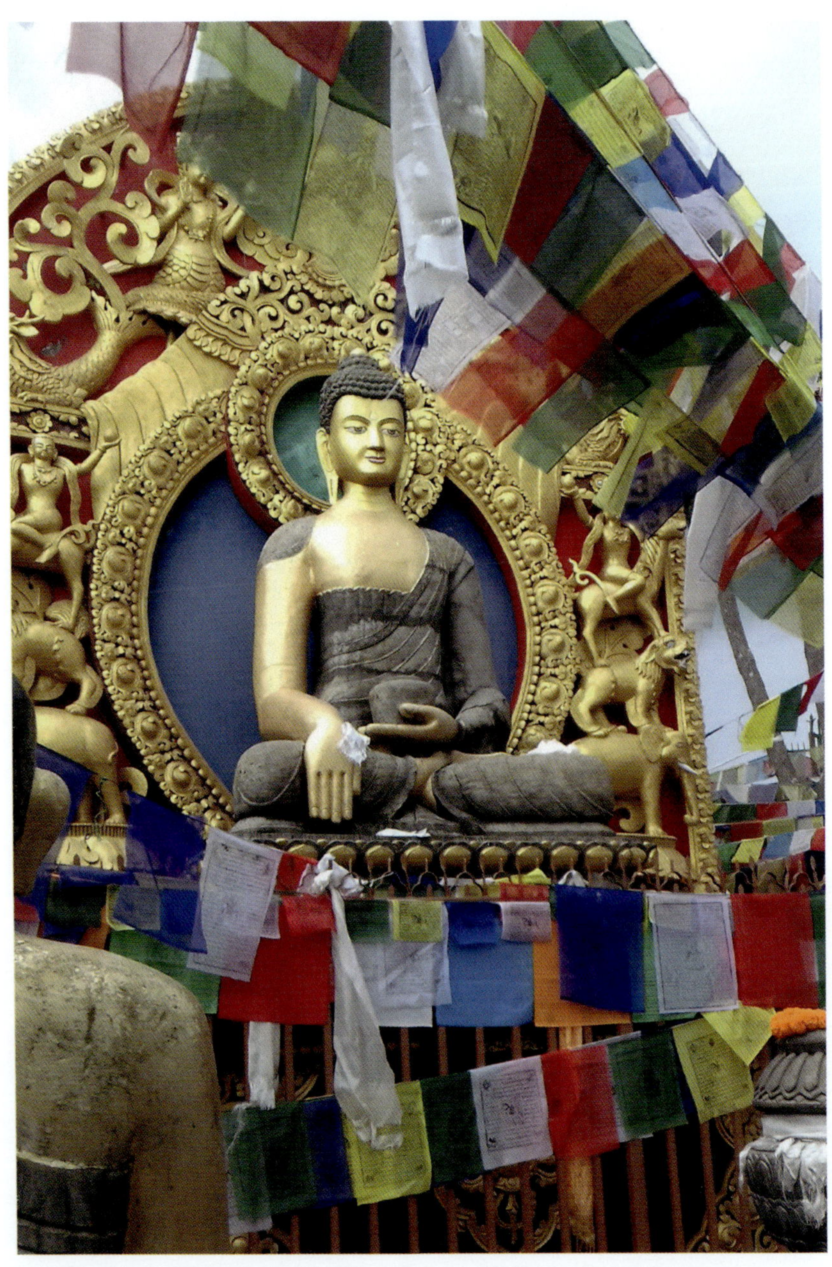

Nicht verwechseln – die Schale, die der Buddha in seiner Hand hält, ist keine Klangschale.

Klangschalen in der Religion

Einsatz im Buddhismus und Hinduismus

Buddhisten und Hindus verwenden Klangschalen traditionell in ihren Ritualen, um ihre spirituelle Ausrichtung, Harmonie und inneren Frieden zu fördern. Im Hinduismus etwa geht man davon aus, dass unser Universum durch einen Klang entstanden ist (dem Urklang, verlautbar durch das »Om«) und dass der Klang daher eine sehr wichtige Rolle in unserem Körper und im Universum als Ganzes spielt.

In Nepal und Tibet nutzen verschiedene ethnische Gruppen Klangschalen in ihren kulturellen und spirituellen Praktiken. Nachfolgend einige Beispiele:

Die **Newar** sind eine ethnische Gruppe in Nepal, die eine reiche kulturelle Tradition pflegt. Ursprünglich stellte sie das Personal für diverse Dienste bei wichtigen religiösen Festen der Hauptstadt. In ihren religiösen Zeremonien und Tempeln wurden Klangschalen oft als Teil der rituellen Musik und Meditation verwendet.

Die **Tamang** sind eine tibetobirmanische Ethnie in Nepal. Sie setzen Klangschalen in ihren traditionellen Heilungspraktiken und spirituellen Zeremonien ein.

Die **Sherpa** sind bekannt für ihre Bergsteigerkultur im Himalaya. Klangschalen werden in ihren Klöstern und Gebetsstätten genutzt, um meditative Zustände zu unterstützen.

Bön ist eine alte schamanistische Religion in Tibet. Klangschalen wurden von Bön-Praktizierenden als Instrumente für Heilungsrituale und spirituelle Praktiken eingesetzt.

Nyingma, **Kagyu**, **Gelug** und **Sakya**: Diese sind verschiedene buddhistische Schulen in Tibet. Klangschalen werden in ihren Klöstern und in Verbindung mit den Lehren des Buddhismus genutzt.

Aufgrund ihres beruhigenden und meditativen Klangs werden Klangschalen in Klöstern und Tempeln im Himalaya häufig verwendet, um den Beginn oder das Ende einer Meditation anzuzeigen.

Alternativ werden sie während der Meditation gespielt, um den Geist zu fokussieren und einen Zustand purer Entspannung zu erreichen. Eine Annahme ist es, dass jedes Mal, wenn eine Klangschale gespielt wird, die Mantras und guten Wünsche, die ihr während der Herstellung innewohnten, freigesetzt werden, um frei in das Universum zu fließen. In ähnlicher Weise unterstützen die Klangschalen die tibetischen Mönche bei ihren für uns sehr geheimnisvollen Gesänge und Gebete.

Auch in Indien werden Klangschalen vielfältig eingesetzt. In hinduistischen Tempeln und Zeremonien, wie Puja-Ritualen, sind sie häufig zu hören. Vor Beginn der Puja-Zeremonie wird die Klangschale vorbereitet, oft durch Reinigung mit Wasser. Sie wird angeschlagen, um die Zeremonie zu eröffnen und die Aufmerksamkeit der Gottheiten auf sich zu ziehen.

Während der Puja schafft das rhythmische Spiel der Klangschale eine meditative Atmosphäre und begleitet den Ablauf. Während Opfergaben dargebracht werden, kann die Klangschale als Zeichen der Hingabe angeschlagen werden. In bestimmten Abschnitten markiert der Klang besondere Momente, etwa während der Verehrung von Gottheiten. Am Ende der Zeremonie kündigt die Klangschale das Finale an.

Nicht zuletzt werden Klangschalen von den indigenen Urvölkern Indiens, den sogenannten Adivasis genutzt. Einige dieser Gemeinschaften nutzen traditionelle Musikinstrumente, darunter auch Klangschalen, in ihren rituellen und kulturellen Praktiken. Die meisten dieser Völker befinden sich im Bundesstaat Orissa, dem auch eine spezifische Bauart der Klangschale zugeordnet ist.

Die Anwendung von Klangschalen in der Religion ist eine wertvolle Tradition, die über Jahrhunderte hinweg weitergegeben wurde. Sie zeigt uns, wie Klang nicht nur eine universelle Sprache ist, sondern auch eine Brücke zu spiritueller Erfahrung, innerem Frieden und der Verbindung mit dem Göttlichen sein kann. Mögen die Klänge der Klangschalen weiterhin Menschen auf der ganzen Welt inspirieren und ihre spirituelle Reise bereichern!

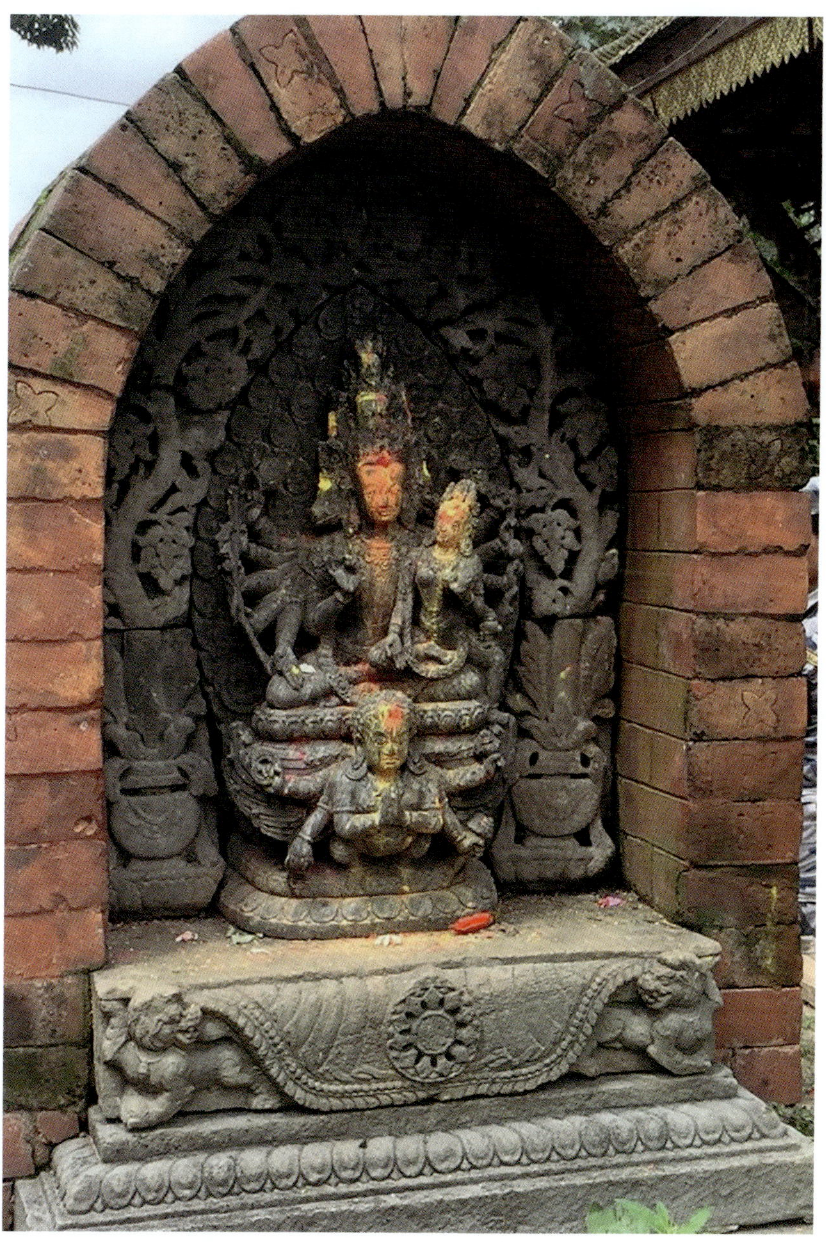

Beispiel für eine Puja an einer Gottheit

Schlusswort

In der faszinierenden Welt der Klangschalen haben wir uns auf eine Reise begeben, die uns tief in die Vielfalt der Klänge, Schwingungen und spirituellen Bedeutungen dieser einzigartigen Instrumente geführt hat. Von ihren Ursprüngen in den fernöstlichen Kulturen bis hin zu ihrer Anwendung in modernen Therapien, Meditationen und pädagogischen Kontexten haben wir entdeckt, wie Klangschalen eine Brücke zwischen Körper, Geist und Seele schlagen. Die Klangschalen haben uns gelehrt, dass Klänge nicht nur unser Gehör ansprechen, sondern auch tiefe Resonanzen in unserem Inneren erzeugen können. Durch ihre beruhigenden Melodien und sanften Vibrationen begleiten sie uns in Momente der Entspannung, Heilung und Achtsamkeit. Wir haben erfahren, wie sie nicht nur unsere körperliche Gesundheit beeinflussen, sondern auch unsere geistige Klarheit fördern können.

Klangschalen sind mehr als nur Instrumente – sie sind magische Transformationswerkzeuge, die uns helfen können, innere Blockaden zu lösen, Stress abzubauen und eine Verbindung zu unserem wahren Selbst herzustellen.

Die Reise durch dieses Buch mag hier enden, aber die Klänge und Schwingungen der Klangschalen werden in unseren Herzen und Gedanken weiterklingen. Mögen sie uns daran erinnern, uns regelmäßig Momente der Stille und Reflexion zu gönnen, um uns mit der harmonischen Energie des Universums zu verbinden. Mögen sie uns inspirieren, unsere eigene Reise der Selbstentdeckung und Heilung fortzusetzen. Und mögen sie uns daran erinnern, dass in jedem Klang, in jeder Schwingung, ein Teil der großen universellen Melodie steckt, die uns alle miteinander verbindet.

In Dankbarkeit für die Reise, die wir gemeinsam unternommen haben, wünsche ich dir Frieden, Harmonie und unendliche Schwingungen in deinem Leben.
Namaste.

Über den Autor

Maurice Singh, geboren 1986 in Hamburg, ist Deutscher mit indischer Abstammung. Nach seinem BWL-Studium und einem kurzen Ausflug in die Berufswelt als Buchhalter und Controller spürte er, dass das Leben viel mehr für ihn vorgesehen hatte als das biedere unpersönliche Büroleben.

Ein kleiner Unfall, bei dem er sich die Wirbelsäule verletzte, war letztlich der Auslöser dafür, seinen Job zu kündigen und sich in Ruhe zu kurieren.

Maurice reiste nach Indien, um seine Wurzeln kennenzulernen. Es war wie eine Erleuchtung für ihn. Sofort spürte er, dass die indische und asiatische Seele tief in ihm steckte, obwohl er als Hamburger zuvor kaum Kontakt zu diesem Kulturkreis hatte.

Das Essen, die Gerüche, die Wärme, das Chaos mit gleichzeitiger Hingabe, Familiensinn, einfach mal passieren lassen – das hat was in ihm ausgelöst.

Nach dem Besuch unterschiedlicher historischer Orte und Tempelanlagen, wo Musik, Gesang, Klang und Meditation zueinander gehörten, fühlte er in seinem Körper eine ganz besondere Energie fließen.

Als eines Tages die Rückenschmerzen nach einer ayurvedischen Behandlung gepaart mit einer traditionellen Klangschalenmassage für viele Tage weg und nach einer weiteren Behandlung schließlich komplett verschwunden waren, wusste er, dass dies der Beginn von etwas ganz Besonderem sein sollte.

Entschlossen, der Welt die heilende Kraft der Klangschalen nahezubringen, begann Maurice damit, seine Erfahrung zunächst den Menschen in seiner Heimatstadt (die auch liebevoll »das Tor zur Welt« genannt wird) zu vermitteln. So brachte er seine ersten Klangschalen mit auf den Hamburger Fischmarkt, wo er bereits mit 13 Jahren seinem Vater beim Verkauf handgefertigter Kunstgegenstände aus Asien half.

Im Laufe der Jahre hat er durch den Austausch mit zahlreichen Kunden auf Märkten, in Geschäften und online immer mehr Erkenntnisse und Erfahrungen gesammelt. Dieses Wissen möchte der Autor nun in Form dieses Buches weitergeben. Es ist eine Hommage an seine persönliche Reise, seine indisch-deutsche Identität und die transformative Kraft der Klangschalen.

www.asianspirit.de @asianspirit.de

Weiterführende Literatur

https://epub.uni-regensburg.de/52221/1/medicina-58-00594.pdf, zuletzt aufgerufen am 25.07.2023